工程经济

曹 明 主 编
钟沅廷　岳齐贤　副主编

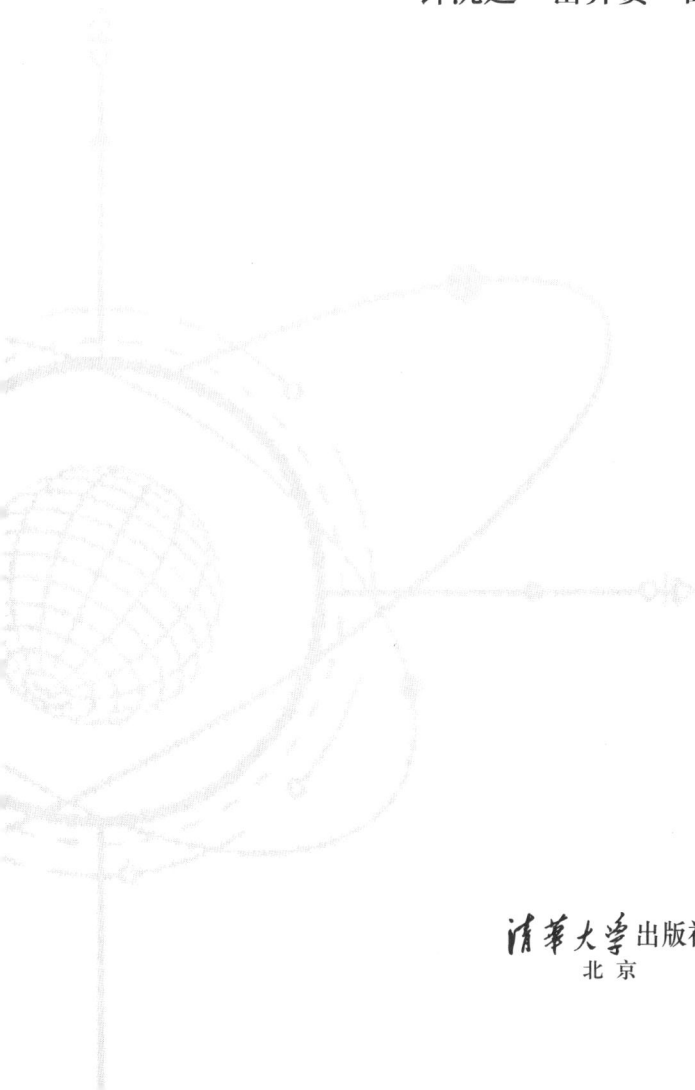

清华大学出版社
北 京

内 容 简 介

本书融入了建造师执业资格考试的相关内容,使其更符合社会对应用型人才的基本要求,为学生更快地适应岗位需求奠定了坚实的基础。

本书分为 7 章,主要内容包括:资金时间价值的计算及应用,技术方案经济效果评价,技术方案不确定性分析,技术方案现金流量表的编制,设备更新与租赁分析,价值工程在工程建设中的应用,新技术、新工艺和新材料应用方案的技术经济分析。

本书可作为高校建设工程管理专业、工程造价专业等专业的基础教材,还可作为全国注册建造师执业资格考试的参考书,以及监理单位、建设单位、勘察设计单位、施工单位和政府各级建设管理部门等项目管理相关人员的参考用书。

图书在版编目(CIP)数据

工程经济/曹明主编. —北京:清华大学出版社,2024.3(2025.8 重印)
ISBN 978-7-302-65298-4

Ⅰ.①工… Ⅱ.①曹… Ⅲ.①工程经济学 Ⅳ.①F062.4

中国国家版本馆 CIP 数据核字(2024)第 012017 号

责任编辑:张龙卿 李慧恬
封面设计:曾雅菲 徐巧英
责任校对:袁 芳
责任印制:杨 艳

出版发行:清华大学出版社
   网 址:https://www.tup.com.cn,https://www.wqxuetang.com
   地 址:北京清华大学学研大厦 A 座   邮 编:100084
   社 总 机:010-83470000   邮 购:010-62786544
   投稿与读者服务:010-62776969,c-service@tup.tsinghua.edu.cn
   质量反馈:010-62772015,zhiliang@tup.tsinghua.edu.cn
   课件下载:https://www.tup.com.cn,010-83470410
印 装 者:三河市天利华印刷装订有限公司
经 销:全国新华书店
开 本:185mm×260mm 印 张:10.75 字 数:243 千字
版 次:2024 年 3 月第 1 版 印 次:2025 年 8 月第 2 次印刷
定 价:49.00 元

产品编号:104660-01

前　言

习近平总书记在党的二十大报告中指出：教育、科技、人才是全面建设社会主义现代化国家的基础性、战略性支撑；必须坚持科技是第一生产力、人才是第一资源、创新是第一动力；深入实施科教兴国战略、人才强国战略、创新驱动发展战略，完善国家创新体系，加快建设科技强国。

随着我国建设事业近年来的高速发展，为了加快工程经济发展，提高工程项目总承包及施工管理专业技术人员素质，规范施工管理行为，保证工程质量和施工安全，根据《中华人民共和国建筑法》《建设工程质量管理条例》和国家有关执业资格证书制度的规定，原中华人民共和国人事部和建设部联合印发了《建造师执业资格制度暂行规定》，要求担任大中型建设工程项目的施工单位项目负责人，须取得中华人民共和国建造师注册证书和执业印章。建造师是以工程专业技术为依托、以工程项目管理为主的执业注册人士。建造师注册并受聘于某单位后，可以担任建设工程总承包或施工管理的项目负责人，从事法律、行政法规或标准规范规定的相关业务。为了满足我国对建设工程人才的要求，目前我国多数高等院校的土木工程、建设工程管理、工程造价等各类工科专业都开设了"工程经济"课程，有些学校还为其他专业开设了公共选修课。

运用工程经济的理论和方法可以解决建设工程从决策、设计到施工及运行阶段的许多技术经济问题，比如在施工阶段，要确定施工组织方案、施工进度以及设备和材料等，如果我们忽略了对技术方案进行工程经济方面分析，就可能造成重大的经济损失。通过本书的学习，有助于建造师增强经济观念，并运用工程经济分析的基本理论和经济效果的评价方法，将建设工程管理建立在更加科学的基础之上。

为了有效提高教学效果，本书在编写过程中努力做到融"教、学、做"为一体，具体包括以下方面。

（1）工程经济是一门理论性、综合性和实践性很强的课程，在本书编写过程中，注重理论与实践相结合，用工程实例解释工程项目管理理论。

（2）本书结合一级注册建造师执业资格考试内容和大纲要求，对重点内容进行了专门的讲解，并在课后配套相应的习题，以进一步巩固对重要知识点的掌握。

本书由实践经验和教学经验均较为丰富的国有建筑企业在职人员和高校教师共同编写，由曹明（上海开放大学副教授）担任主编，钟沅廷和岳齐贤（均为高级工程师）担任副主编，赵建立（教授级高级工程师）担任主审。本书共7章。第1章由徐宁（教授级高级工程师）编写；第2章由岳齐贤和陈丹丹（助理工程师）编写；第3章由夏树芳（高级工程师）和钟沅廷编写；第4、5章由李德芳（工程师）和曹明编写；第6、7章由施雨（上海开放大学讲师）和张新宇（助理工程师）编写。未标注单位的参编人员全部来自上海二十冶建设有限公司或中国二十冶集团有限公司。

本书在编写过程中参阅了有关的文献资料，在此对这些文献资料的作者表示深深的谢意，并向参加教材编写和编辑工作的人员致以诚挚的谢意。

由于编者水平有限，不妥之处在所难免，欢迎广大读者批评、指正。

编　者

2023 年 9 月

目 录

第1章　资金时间价值的计算及应用

人们无论从事何种经济活动,都必须花费一定的时间。在一定意义上讲,时间是一种最宝贵也是最有限的"资源"。有效地使用资源可以产生价值,所以对时间因素的研究是工程经济分析的重要内容。要正确评价技术方案的经济效果,就必须研究资金的时间价值。

1.1　利息的概念与计算

1.1.1　资金时间价值的概念

在工程经济计算中,技术方案的经济效益,所消耗的人力、物力和自然资源,最后都是以价值形态,即资金的形式表现出来的。资金运动反映了物化劳动和活劳动的运动过程,而这个过程也是资金随时间运动的过程,因此,在工程经济分析时,不仅要着眼于技术方案资金量的大小(资金收入和支出的多少),而且也要考虑资金发生的时间。资金是运动的价值,资金的价值是随时间变化而变化的,是时间的函数,随时间的推移而增值,其增值的这部分资金就是原有资金的时间价值。其实质是资金作为生产经营要素,在扩大再生产及其资金流通过程中,资金随时间周转使用的结果。

影响资金时间价值的因素很多,其中主要有以下几点。

(1) 资金的使用时间。在单位时间的资金增值率一定的条件下,资金使用时间越长,则资金的时间价值越大;使用时间越短,则资金的时间价值越小。

(2) 资金数量的多少。在其他条件不变的情况下,资金数量越多,资金的时间价值就越大;反之,资金的时间价值则越小。

(3) 资金投入和回收的特点。在总资金一定的情况下,前期投入的资金越多,资金的负效益越大;反之,后期投入的资金越多,资金的负效益越小。而在资金回收额一定的情况下,离现在越近的时间回收的资金越多,资金的时间价值就越大;反之,离现在越远的时间回收的资金越多,资金的时间价值就越小。

(4) 资金周转的速度。资金周转越快,在一定的时间内等量资金的周转次数越多,资金的时间价值越大;反之,资金的时间价值越小。

总之,资金的时间价值是客观存在的,生产经营的一项基本原则就是充分利用资金的时间价值并最大限度地获得其时间价值,这就要加速资金周转,尽早回收资金,并不断从事利润较高的投资活动;任何资金的闲置都是损失资金的时间价值。

1.1.2　利息与利率的概念

对于资金时间价值的换算方法与采用复利计算利息的方法完全相同。因为利息就是资金时间价值的一种重要表现形式。而且通常用利息额的多少作为衡量资金时间价值的绝对尺度,用利率作为衡量资金时间价值的相对尺度。

1. 利息

在借贷过程中,债务人支付给债权人超过原借贷金额的部分就是利息,即

$$I = F - P \tag{1.1}$$

式中,I——利息;

F——目前债务人应付(或债权人应收)总金额,即还本付息总额;

P——原借贷金额,常称为本金。

从本质上看,利息是由贷款发生利润的一种再配。在工程经济分析中,利息常常被看作资金的一种机会成本。这是因为如果放弃资金的使用权利,相当于失去了收益的机会,也就相当于付出了一定的代价。事实上,投资就是为了在未来获得更大的收益而对目前的资金进行某种安排。很显然,未来的收益应当超过现在的投资,正是这种预期的价值增长才能刺激人们从事投资。因此,在工程经济分析中,利息常常是指占用资金所付的代价或者是放弃使用资金所得的补偿。

2. 利率

在经济学中,利率的定义是从利息的定义中衍生出来的。也就是说,在理论上先承认了利息,再以利息来解释利率。在实际计算中,正好相反,常根据利率计算利息。

利率就是在单位时间内所得利息额与原借贷金额之比,体现借贷资金增值的程度,通常用百分数表示,即

$$i = \frac{I_t}{P} \times 100\% \tag{1.2}$$

式中,i——利率;

I_t——单位时间内所得的利息额。

用于表示计算利息的时间单位称为计息周期,计息周期 t 通常为年、半年、季、月、周或天。

【例 1.1】 某公司现借得本金 1000 万元,一年后付息 80 万元,则年利率为

$$\frac{80}{1000} \times 100\% = 8\%$$

利率是各国发展国民经济的重要杠杆之一,利率的高低由以下因素决定。

(1) 利率的高低首先取决于社会平均利润率的高低,并随之变动。在通常情况下,社会平均利润率是利率的最高界限。因为如果利率高于利润率,无利可图就不会去借款。

(2) 在社会平均利润率不变的情况下,利率高低取决于金融市场上借贷资本的供求情况,借贷资本供过于求,利率便下降;反之,求过于供,利率便上升。

(3) 借出资本要承担一定的风险,风险越大,利率也就越高。

(4) 通货膨胀对利息的波动有直接影响,资金贬值往往会使利息无形中成为负值。

(5) 借出资本的期限长短。贷款期限长,不可预见因素多,风险大,利率就高;反之利率就低。

3. 利息和利率在工程经济活动中的作用

1）利息和利率是以信用方式动员和筹集资金的动力

以信用方式筹集资金有一个特点，就是自愿性，而自愿性的动力在于利息和利率。比如，一个投资者首先要考虑的是投资某一项目所得到的利息是否比把这笔资金投入其他项目所得的利息多，如果多，他就可以在这个项目投资；如果所得的利息达不到其他项目的利息水平，他就可能不在这个项目投资。

2）利息促进投资者加强经济核算，节约使用资金

投资者借款需付利息，增加支出负担，这就促使投资者必须精打细算，把借入资金用到刀刃上，减少借入资金的占用，以少付利息，同时可以使投资者自觉减少多环节占压资金。

3）利息和利率是宏观经济管理的重要杠杆

国家在不同的时期制定不同的利息政策，对不同地区、不同行业规定不同的利率标准，就会对整个国民经济产生影响。例如，对于限制发展的行业，利率规定得高一些；对于提倡发展的行业，利率规定得低一些，从而引导行业和企业的生产经营服从国民经济发展的总方向。同样，占用资金时间短的，收取低息；占用时间长的，收取高息。对产品适销对路、质量好、信誉高的企业，在资金供应上给予低息支持；反之，收取较高利息。

4）利息与利率是金融企业经营发展的重要条件

金融机构作为企业，必须获取利润。由于金融机构的存放款利率不同，其差额成为金融机构业务收入。此款扣除业务费后就是金融机构的利润，所以利息和利率能刺激金融企业的经营发展。因此，在工程经济分析中一定要重视利息和利率的影响，合理确定利息和利率水平。

1.1.3 利息的计算

利息计算有单利和复利之分。当计息周期在一个以上时，就需要考虑"单利"与"复利"的问题。

1. 单利

所谓单利，是指在计算利息时，仅用最初本金来计算，而不计入先前计息周期中所累积增加的利息，即通常所说的"利不生利"的计息方法。其计算式如下：

$$I_t = P \times i_单 \tag{1.3}$$

式中，I_t——第 t 计息周期的利息额；

P——本金；

$i_单$——计息周期单利利率。

而 n 期末单利本利和 F 等于本金加上总利息，即

$$F = P + I_n = P(1 + n \times i_单) \tag{1.4}$$

式中，I_n——n 个计息周期所付或所收的单利总利息，即

$$I_n = \sum_{t=1}^{n} I_t = \sum_{t=1}^{n} P \times i_单 = P \times i_单 \times n \tag{1.5}$$

在以单利计息的情况下，总利息与本金、利率以及计息周期数成正比关系。

此外,在利用式(1.4)计算本利和 F 时,要注意式中 n 和 $i_{单}$ 反映的时期要一致。如 $i_{单}$ 为年利率,则 n 应为计息的年数;若 $i_{单}$ 为月利率,n 即应为计息的月数。

【例 1.2】 假如某公司以单利方式借入 1000 万元,年利率 8%,第 4 年年末偿还,则各年利息以及本利和如表 1.1 所示。

表 1.1　单利计算分析表　　　　单位:万元

使用期	年初款额	年末利息	年末本利和	年末偿还
1	1000	1000×8%=80	1080	0
2	1080	80	1160	0
3	1160	80	1240	0
4	1240	80	1320	1320

由表 1.1 可见,单利的年利息额都仅由本金所产生,其新生利息不再加入本金产生利息,此即"利不生利"。这不符合客观的经济发展规律,没有反映资金随时都在"增值"的概念,也即没有完全反映资金的时间价值。因此,在工程经济分析中单利使用较少,通常只适用于短期投资或短期贷款。

2. 复利

所谓复利,是指在计算某一计息周期的利息时,其先前周期中所累积的利息要计算利息,即"利生利""利滚利"的计息方式。其表达式如下:

$$I_t = i \times F_{t-1} \qquad (1.6)$$

式中,i——计息周期复利利率;

F_{t-1}——第 $t-1$ 期末复利本利和。而第 t 期末复利本利和的表达式如下:

$$F_t = F_{t-1} \times (1+i) \qquad (1.7)$$

【例 1.3】 数据同例 1.2,按复利计算,则各年利息以及本利和如表 1.2 所示。

表 1.2　复利计算分析表　　　　单位:万元

使用期	年初款额	年末利息	年末本利和	年末偿还
1	1000	1000×8%=80	1080	0
2	1080	1080×8%=86.4	1166.4	0
3	1166.4	1166.4×8%=93.312	1259.712	0
4	1259.712	1259.712×8%=100.777	1360.489	1360.489

从表 1.2 和表 1.1 可以看出,同一笔借款,在利率和计息周期均相同的情况下,用复利计算出的利息金额比用单利计算出的利息金额多。如例 1.3 与例 1.2 两者相差 40.489(1360.489−1320)万元。本金越大,利率越高,计息周期越多时,两者差距就越大。复利计息比较符合资金在社会再生产过程中运动的实际状况,因此,在实际中得到了广泛的应用。在工程经济分析中,一般采用复利计算。

复利计算有间断复利和连续复利之分。按期(年、半年、季、月、周、日)计算复利的方法称为间断复利(即普通复利),按瞬时计算复利的方法称为连续复利。在实际使用中都采用间断复利,这一方面是出于习惯,另一方面是因为会计通常在年底结算一年的进出款,按年支付税金、保险金和抵押费用,因而采用间断复利考虑问题更适宜。

1.2 资金等值计算及应用

资金有时间价值,即使金额相同,因其发生在不同时间,其价值就不相同。反之,不同时点绝对不等的资金在时间价值的作用下却可能具有相等的价值。这些不同时期、不同数额但其"价值等效"的资金称为等值,又叫等效值。资金等值计算公式和复利计算公式的形式是相同的。常用的等值计算公式主要有终值和现值计算公式。

1.2.1 现金流量图的概念和绘制

1. 现金流量的概念

在进行工程经济分析时,可把所考察的技术方案视为一个系统。投入的资金、花费的成本和获取的收益,均可看作以资金形式体现的该系统的资金流出或资金流入。这种在考察技术方案整个期间各时点 t 上实际发生的资金流出或资金流入称为现金流量,其中流出系统的资金称为现金流出,用符号 CO_t 表示;流入系统的资金称为现金流入,用符号 CI_t 表示;现金流入与现金流出之差称为净现金流量,用符号 $(CI-CO)_t$ 表示。

2. 现金流量图的绘制

对于一个技术方案,其每次现金流量的流向(支出或收入)数额和发生时间都不尽相同,为了正确地进行工程经济分析计算,我们有必要借助现金流量图来进行分析。由于受到资金时间价值的影响,一定数额资金在不同时期的价值也是不同的。因此,研究现金流量及其发生的时间对正确评价技术方案的经济效果有着重要的意义。为了正确地进行工程经济分析计算,我们有必要借助现金流量表和现金流量图来进行分析。

所谓现金流量图,就是一种反映技术方案资金运动状态的图示,即把技术方案的现金流量绘入时间坐标图中,表示出各现金流入、流出与相应时间的对应关系,如图 1.1 所示。运用现金流量图,就可全面、形象、直观地表达技术方案的资金运动状态。

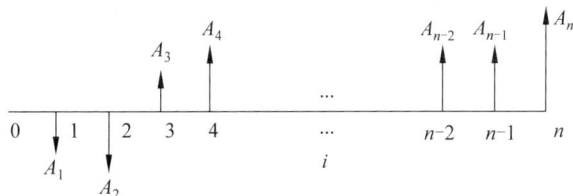

图 1.1 现金流量图

现以图 1.1 说明现金流量图的作图方法和规则。

(1) 以横轴为时间轴,向右延伸表示时间的延续,轴上每一刻度表示一个时间单位,可取年、半年、季或月等;时间轴上的点称为时点,通常表示的是该时间单位末的时点;0 表示时间序列的起点。n 表示时间序列的终点,也是技术方案的计算期。整个横轴又可看作我们所考察的"技术方案"。

(2) 相对于时间坐标的垂直箭线代表不同时点的现金流量情况,现金流量的性质(流入或流出)是对特定的人而言的。对投资人而言,在横轴上方的箭线表示现金流入,即表示收益;在横轴下方的箭线表示现金流出,即表示费用。

(3) 在现金流量图中,箭线长短与现金流量数值大小本应成比例。但由于技术方案中各时点现金流量常常差额悬殊而无法成比例绘出,故在现金流量图绘制中,箭线长短只要能适当体现各时点现金流量数值的差异,并在各箭线上方(或下方)注明其现金流量的数值即可。

(4) 箭线与时间轴的交点即为现金流量发生的时点。

总之,要正确绘制现金流量图,必须把握好现金流量的三要素,即:现金流量的大小(现金流量数额)、方向(现金流入或现金流出)和作用点(现金流量发生的时点)。

1.2.2 终值和现值计算

根据现金流量的时间分布,现金流量可分为一次支付和多次支付。而在多次支付中,等额支付系列现金流量又是常用的支付情形。

1. 一次支付现金流量的终值和现值计算

1) 一次支付现金流量

由式(1.6)和式(1.7)可以看出,如果一周期一周期地计算且周期数很多,计算是十分烦琐的,而且在式(1.7)中没有直接反映出本金 P、本利和 F、利率 i、计息周期数 n 等要素的关系。所以有必要对式(1.6)和式(1.7)根据现金流量支付情形进一步简化。其中一次支付是最基本的现金流量情形。

一次支付又称整存整付,是指所分析技术方案的现金流量,无论是流入或是流出,分别在各时点上只发生一次,如图 1.2 所示。一次支付情形的复利计算式是复利计算的基本公式。

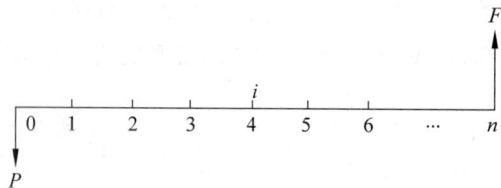

图 1.2 一次支付现金流量图

其中,i——计息期复利率;

n——计息的期数;

P——现值(即现在的资金价值或本金),资金发生在(或折算为)某一特定时间序列起点时的价值;

F——终值(即 n 期末的资金价值或本利和),资金发生在(或折算为)某一特定时间序列终点的价值。

2）终值计算（已知 P，求 F）

现有一项资金 P，年利率为 i，按复利计算，n 年以后的本利和为多少？根据复利的定义即可求得 n 年年末本利和（即终值）F，如表 1.3 所示。

表 1.3　一次支付终值公式推算表　　　　　　　　　　单位：万元

计息期	期初金额（1）	本期利息额（2）	期末本利和 $F_t=(1)+(2)$
1	P	$P \times i$	$F_1 = P + P \times i = P(1+i)$
2	$P(1+i)$	$P(1+i) \times i$	$F_2 = P(1+i) + P(1+i) \times i = P(1+i)^2$
3	$P(1+i)^2$	$P(1+i)^2 \times i$	$F_3 = P(1+i)^2 + P(1+i)^2 \times i = P(1+i)^3$
⋮	⋮	⋮	⋮
n	$P(1+i)^{n-1}$	$P(1+i)^{n-1} \times i$	$F = F_n = P(1+i)^{n-1} + P(1+i)^{n-1} \times i = P(1+i)^n$

由表 1.3 可知，一次支付 n 年年末终值（即本利和）F 的计算公式为

$$F = P(1+i)^n \tag{1.8}$$

式中，$(1+i)^n$ 称为一次支付终值系数，用 $(F/P, i, n)$ 表示，故式（1.8）又可写成

$$F = P(F/P, i, n) \tag{1.9}$$

在 $(F/P, i, n)$ 类符号中，括号内斜线上的符号表示所求的未知数，斜线下的符号表示已知数。$(F/P, i, n)$ 表示在已知 P、i 和 n 的情况下求解 F 的值。

【例 1.4】　某公司借款 1000 万元，年复利率 $i=10\%$，试问 5 年末连本带利一次需偿还多少？

解：按式（1.8）计算得

$$F = P(1+i)^n = 1000 \times (1+10\%)^5 = 1000 \times 1.61051 = 1610.51（万元）$$

3）现值计算（已知 F，求 P）

由式（1.8）的逆运算即可得出现值 P 的计算式为

$$P = \frac{F}{(1+i)^n} = F(1+i)^{-n} \tag{1.10}$$

式中，$(1+i)^{-n}$ 称为一次支付现值系数，用符号 $(P/F, i, n)$ 表示。式（1.10）又可写成

$$P = F(P/F, i, n) \tag{1.11}$$

一次支付现值系数这个名称描述了它的功能，即未来一笔资金乘上该系数就可求出其现值。计算现值 P 的过程叫作"折现"或"贴现"，其所使用的利率常称为折现率或贴现率。故 $(1+i)^{-n}$ 或 $(P/F, i, n)$ 也可叫折现系数或贴现系数。

【例 1.5】　某公司希望所投资项目第 5 年年末有 1000 万元资金，年复利率 $i=10\%$，试问现在需一次投入多少？

解：由式（1.10）得

$$F = P(1+i)^{-n} = 1000 \times (1+10\%)^{-5} \approx 620.9（万元）$$

从上面计算可知，现值与终值的概念和计算方法正好相反，因为现值系数与终值系数互为倒数，即 $(F/P, i, n) = \dfrac{1}{(P/F, i, n)}$。在 P 一定，n 相同时，i 越高，F 越大；在 i 相同

时，n 越长，F 越大，如表 1.4 所示。在 F 一定，n 相同时，i 越高，P 越小；在 i 相同时，n 越长，P 越小，如表 1.5 所示。

表 1.4　一元现值与终值的关系

利率	时间			
	1 年	5 年	10 年	20 年
1%	1.0100	1.0510	1.1046	1.2202
5%	1.0500	1.2763	1.6289	2.6533
8%	1.0800	1.4693	2.1589	4.6610
10%	1.1000	1.6105	2.5937	6.7275
12%	1.1200	1.7623	3.1058	9.6463
15%	1.1500	2.0114	4.0456	16.3365

表 1.5　一元终值与现值的关系

利率	时间			
	1 年	5 年	10 年	20 年
1%	0.99010	0.59147	0.90529	0.81954
5%	0.95238	0.78353	0.61391	0.37689
8%	0.92593	0.68058	0.46319	0.21455
10%	0.90909	0.62092	0.38554	0.14864
12%	0.89286	0.56743	0.32197	0.10367
15%	0.86957	0.49718	0.24718	0.06110

从表 1.4 可知，按 12% 的利率，时间 20 年，终值是现值的 9.6 倍。如用终值进行分析，会使人感到评价结论可信度降低；而用现值概念很容易被决策者接受。因此，在工程经济分析中，现值比终值使用更为广泛。

在工程经济评价中，由于现值评价常常是选择现在为同一时点，把技术方案预计的不同时期的现金流量折算成现值，并按现值之代数和大小做出决策。因此，在工程经济分析时应当注意以下两点。

（1）正确选取折现率。折现率是决定现值大小的一个重要因素，必须根据实际情况灵活选用。

（2）要注意现金流量的分布情况。从收益方面来看，获得的时间越早、数额越多，其现值也越大。因此，应使技术方案早日完成，早日实现生产能力，早获收益，多获收益，才能达到最佳经济效益。从投资方面看，在投资额一定的情况下，投资支出的时间越晚、数额越少，其现值也越小。因此，应合理分配各年投资额，在不影响技术方案正常实施的前提下，尽量减少建设初期投资额，加大建设后期投资比重。

2. 等额支付系列现金流量的终值、现值计算

1）等额支付系列现金流量

在工程经济活动中，多次支付是最常见的支付情形。多次支付是指现金流量在多个时点发生，而不是集中在某一个时点上。如果用 A_t 表示第 t 期末发生的现金流量大小，可正可负，用逐个折现的方法，可将多次支付现金流量换算成现值，即

$$P = A_1(1+i)^{-1} + A_2(1+i)^{-2} + \cdots + A_n(1+i)^{-n}$$

$$= \sum_{t=1}^{n} A_t(1+i)^{-t} \tag{1.12}$$

或

$$P = \sum_{t=1}^{n} A_t(P/F, i, t) \tag{1.13}$$

同理，也可将多次支付现金流量换算成终值，即

$$F = \sum_{t=1}^{n} A_t(1+i)^{n-t} \tag{1.14}$$

或

$$F = \sum_{t=1}^{n} A_t(F/P, i, n-t) \tag{1.15}$$

在上面式子中，虽然那些系数都以计算得到，但如果 n 较长，A_t 较多，计算会比较烦琐。如各年的现金流量 A_t 有如下特征，则可大大简化上述计算公式。

各年的现金流量序列是连续的，且数额相等，等额支付系列现金流量图如图 1.3 所示，即

$$A_t = A = 常数 \quad (t = 1, 2, 3, \cdots, n) \tag{1.16}$$

式中，A——年金，是发生在（或折算为）某一特定时间序列各计息期末（不包括零期）的等额资金序列的价值。

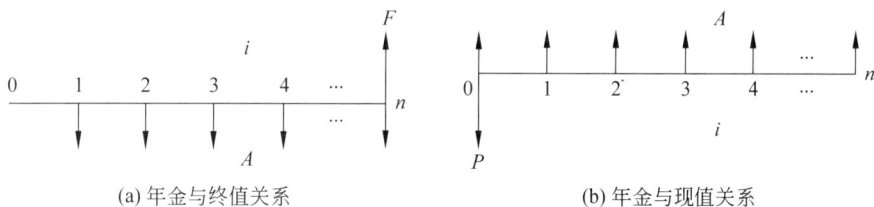

(a) 年金与终值关系　　　　　　　　(b) 年金与现值关系

图 1.3　等额支付系列现金流量图

2）终值计算（已知 A，求 F）

由式（1.14）可得出等额支付系列现金流量的终值为

$$F = \sum_{t=1}^{n} A_t(1+i)^{n-t} = A\left[(1+i)^{n-1} + (1+i)^{n-2} + \cdots + (1+i) + 1\right]$$

$$= A\frac{(1+i)^n - 1}{i} \tag{1.17}$$

式中，$\dfrac{(1+i)^n - 1}{i}$ 称为等额支付系列终值系数或年金终值系数，用符号 $(F/A, i, n)$ 表示。

则式(1.17)又可写成

$$F = A(F/A, i, n) \tag{1.18}$$

【例 1.6】 某投资人若 10 年内每年末存 10000 元,年利率 8%,问 10 年末本利和为多少?

解: 由式(1.17)得

$$F = A \frac{(1+i)^n - 1}{i} = 10000 \times \frac{(1+8\%)^{10} - 1}{8\%}$$
$$= 10000 \times 14.487 = 14.487(万元)$$

3) 现值计算(已知 A,求 P)

由式(1.10)和式(1.17)可得

$$P = F(1+i)^{-n} = A \frac{(1+i)^n - 1}{i(1+i)^n} \tag{1.19}$$

式中, $\frac{(1+i)^n - 1}{i(1+i)^n}$ 称为等额支付系列现值系数或年金现值系数,用符号 $(P/A, i, n)$ 表示。

则式(1.19)又可写成

$$P = A(P/A, i, n) \tag{1.20}$$

【例 1.7】 某投资项目,计算期 5 年,每年年末等额收回 100 万元,问在利率为 10% 时,开始需一次投资多少?

解: 由式(1.19)得

$$P = A \frac{(1+i)^n - 1}{i(1+i)^n} = 100 \times \frac{(1+10\%)^5 - 1}{10\% \times (1+10\%)^5} = 100 \times 3.7908 = 379.08(万元)$$

1.2.3　等值计算公式使用注意事项和应用

1. 等值计算公式使用注意事项

(1) 计息期数为时点或时标,本期末即等于下期初。0 点就是第一期初,也叫零期;第一期末即等于第二期初;其余类推。

(2) P 是在第一计息期开始时(0 期)发生。

(3) F 发生在考察期期末,即 n 期末。

(4) 各期的等额支付 A,发生在各期期末。

(5) 当问题包括 P 与 A 时,系列的第一个 A 与 P 隔一期。即 P 发生在系列 A 的前一期。

(6) 当问题包括 A 与 F 时,系列的最后一个 A 是与 F 同时发生。不能把 A 定在每期期初,因为公式的建立与它是不相符的。

2. 等值计算的应用

根据上述复利计算公式可知,等值基本公式相互关系如图 1.4 所示。

【例 1.8】 设 $i = 10\%$,现在的 1000 元等于第 5 年年末的多少元?

解: 画出现金流量图(见图 1.5)。

根据式(1.8)可计算出第 5 年年末的本利和 F 为

$$F = P(1+i)^n = 1000 \times (1+10\%)^5 = 1000 \times 1.61051 = 1610.51(元)$$

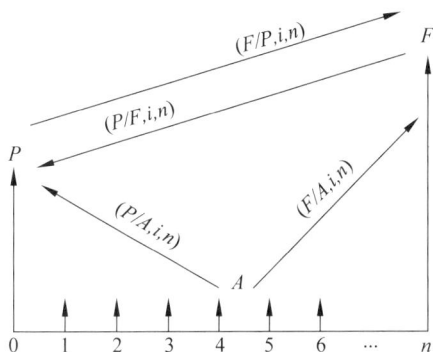

图 1.4 等值基本公式相互关系   图 1.5 例 1.8 的现金流量图

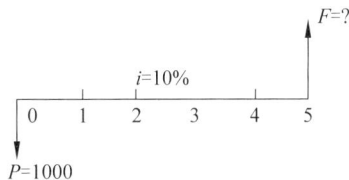

计算表明,在年利率为 10% 时,现在的 1000 元,等值于第 5 年年末的 1610.51 元;或第 5 年年末的 1610.51 元,当 $i=10\%$ 时,等值于现在的 1000 元。

如果两个现金流量等值,则在任何时刻的价值必然相等。现用例 1.8 说明如下。

1)计算第 3 年年末的价值

按 $P=1000$ 元计算第 3 年年末的价值,根据式(1.8)可计算得

$$F_3=P(1+i)^n=1000\times(1+10\%)^3=1000\times1.331=1331(元)$$

用 $F=1610.51$ 元,计算 2 年前的价值,根据式(1.10)可计算得

$$P'=F(1+i)^{-n}=1610.51\times(1+10\%)^{-2}\approx1331(元)$$

2)计算第 7 年年末的价值

按 $P=1000$ 元计算第 7 年年末的价值,根据式(1.8)可计算得

$$F_7=P(1+i)^n=1000\times(1+10\%)^7\approx1948.7(元)$$

按 $F=1610.51$ 元计算时,相对于第 5 年,计算的是 2 年后的价值(注意:这时 $n''=7-5=2$),即计算 2 年后的终值,此时 $P''=F=1610.51$ 元,根据式(1.8)可计算得

$$F_7=P''(1+i)^{n''}=1610.51\times(1+10\%)^2=1610.51\times1.21\approx1948.7(元)$$

影响资金等值的因素有三个:资金数额的多少、资金发生的时间长短、利率(或折现率)的大小。其中利率是一个关键因素,一般等值计算中是以同一利率为依据的。

在工程经济分析中,等值是一个十分重要的概念,它为评价人员提供了一个计算某一经济活动有效性或者进行技术方案比较、优选的可能性。因为在考虑资金时间价值的情况下,其不同时间发生的收入或支出是不能直接相加减的。而利用等值的概念,则可以把在不同时点发生的资金换算成同一时点的等值资金,然后进行比较。所以,在工程经济分析中,技术方案比较都是采用等值的概念来进行分析、评价和选定。

【例 1.9】 某项目投资 10000 万元,由甲、乙双方共同投资。其中:甲方出资 60%,乙方出资 40%。由于双方未重视各方的出资时间,其出资情况如表 1.6 所示。

如表 1.6 所示的这种资金安排没有考虑资金的时间价值,从绝对额看是符合各方出资比例的。但在考虑资金时间价值后,情况就不同了。设该项目的收益率为 $i=10\%$,运用等值的概念计算甲乙双方投资的现值,如表 1.7 所示。

表 1.6　甲、乙双方出资情况　　　　　　　　　单位：万元

项　　目	第 1 年	第 2 年	第 3 年	合　计	所占比例
甲方出资额	3000	2000	1000	6000	60%
乙方出资额	1000	1000	2000	4000	40%
合　　计	4000	3000	3000	10000	100%

表 1.7　甲、乙双方出资现值　　　　　　　　　单位：万元

项　　目	第 1 年	第 2 年	第 3 年	合　计	所占比例
折现系数	0.9091	0.8264	0.7513		
甲方出资额	2727.3	1652.8	751.3	5131.4	61.31%
乙方出资额	909.1	826.4	1502.6	3238.1	38.69%
合　　计	3636.4	2479.2	2253.9	8369.5	100%

由表 1.7 可知,这种出资安排有损甲方的利益,必须重新做出安排。一般情况下,应坚持按比例同时出资;特殊情况下,不能按比例同时出资的,应进行资金等值换算。

1.3　名义利率与有效利率的计算

在复利计算中,利率周期通常以年为单位,它可以与计息周期相同,也可以不同。当计息周期小于一年时,就出现了名义利率和有效利率的概念。

1.3.1　名义利率的计算

所谓名义利率 r,是指计息周期利率 i 乘以一年内的计息周期数 m 所得的年利率,即

$$r = i \times m \tag{1.21}$$

若计息周期月利率为 1%,则年名义利率为 12%。很显然,计算名义利率时忽略了前面各期利息再生的因素,这与单利的计算相同。通常所说的年利率都是名义利率。

1.3.2　有效利率的计算

有效利率是指资金在计息中所发生的实际利率,包括计息周期有效利率和年有效利率两种情况。

1. 计息周期有效利率的计算

计息周期有效利率(即计息周期利率 i)的计算式为

$$i = \frac{r}{m} \tag{1.22}$$

2. 年有效利率的计算

若用计息周期利率来计算年有效利率,并将年内的利息再生因素考虑进去,这时所得的年利率称为年有效利率(又称年实际利率)。根据利率的概念即可推导出年有效利率的计算式。

已知某年年初有资金 P,名义利率为 r,一年内计息 m 次(见图 1.6),则计息周期利率为 $i=r/m$。根据一次支付终值公式[参见式(1.8)]可得该年的本利和 F,即

$$F = P\left(1 + \frac{r}{m}\right)^m$$

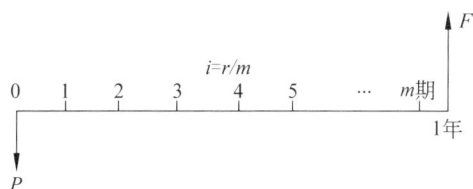

图 1.6　年有效利率计算现金流量图

根据利息的定义[参见式(1.1)]可得该年的利息 I 为

$$I = F - P = P\left(1 + \frac{r}{m}\right)^m - P = P\left[\left(1 + \frac{r}{m}\right)^m - 1\right]$$

再根据利率的定义[参见式(1.2)]可得该年的实际利率,即年有效利率 i_{eff} 为

$$i_{\text{eff}} = \frac{I}{P} = \left(1 + \frac{r}{m}\right)^m - 1 \tag{1.23}$$

由此可见,年有效利率和名义利率的关系实质上与复利和单利的关系一样。

【例 1.10】　现设年名义利率 $r=10\%$,则年、半年、季、月、日的年有效利率如表 1.8 所示。

表 1.8　名义利率与有效利率比较表

年名义利率 (r)	计息期	年计息次数 (m)	计息期利率 $(i=r/m)$	年有效利率 (i_{eff})
10%	年	1	10%	10%
	半年	2	5%	10.25%
	季	4	2.5%	10.38%
	月	12	0.833%	10.46%
	日	365	0.0274%	10.51%

从式(1.23)和表 1.8 可以看出,名义利率与年有效利率的差异主要取决于实际计息期与名义计息期的差异,每年计息周期 m 越多,i_{eff} 与 r 相差越大;名义利率为 10%,按季度计息时,按季度利率 2.5% 计息与按年利率 10.38% 计息,二者是等价的。所以,在工程经济分析中,如果各技术方案的计息期不同,就不能简单地使用名义利率来评价,而必须换算成有

效利率进行评价,否则会得出不正确的结论。

3. 计息周期小于(或等于)资金收付周期时的等值计算

当计息周期小于(或等于)资金收付周期时,等值的计算方法有以下两种。

(1) 按收付周期实际利率计算。

(2) 按计息周期利率计算,即

$$F = P\left(F/P, \frac{r}{m}, mn\right) \tag{1.24}$$

$$P = F\left(P/F, \frac{r}{m}, mn\right) \tag{1.25}$$

$$F = A\left(F/A, \frac{r}{m}, mn\right) \tag{1.26}$$

$$P = A\left(P/A, \frac{r}{m}, mn\right) \tag{1.27}$$

【例 1.11】 现有存款 1000 元,年利率为 10%,半年复利一次。问 5 年末存款金额为多少?

解:现金流量图如图 1.7 所示。

(1) 按年实际利率计算:

$$i_{eff} = \left(1 + \frac{10\%}{2}\right)^2 - 1 = 10.25\%$$

$$F = 1000 \times (1 + 10.25\%)^5$$

$$\approx 1628.89(元)$$

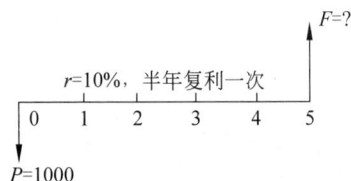

图 1.7 例 1.11 的现金流量图

(2) 按计息周期利率计算:

$$F = 1000\left(F/P, \frac{10\%}{2}, 2 \times 5\right)$$

$$= 1000(F/P, 5\%, 10)$$

$$= 1000 \times (1 + 5\%)^{10}$$

$$\approx 1628.89(元)$$

有时上述两法计算结果有很小差异,这是一次支付终值系数略去尾数误差造成的,此差异是允许的。

但应注意,对等额系列流量,只有计息周期与收付周期一致时才能按计息期利率计算。否则,只能用收付周期实际利率来计算。

【例 1.12】 每半年内存款 1000 元,年利率为 8%,每季复利一次。问 5 年末存款金额为多少?

解:现金流量图如图 1.8 所示。

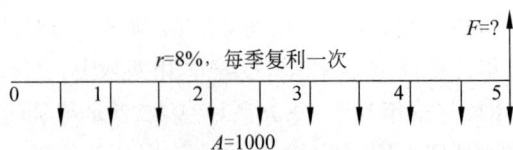

图 1.8 例 1.12 的现金流量图

由于本例计息周期小于收付周期,不能直接采用计息期利率计算,故只能用实际利率来计算。

计息期利率为

$$i = \frac{r}{m} = \frac{8\%}{4} = 2\%$$

半年期实际利率为

$$i_{\text{eff半}} = (1 + 2\%)^2 - 1 = 4.04\%$$

则

$$F = 1000(F/A, 4.04\%, 2 \times 5) \approx 12029(元)$$

习　题

一、单项选择题

1. 某建设项目的建设期为3年,运营期为5年,本项目可发生甲、乙、丙、丁四种净现金流量状态,如表1.9所示,投资者最希望的现金流状态是(　　)。【2007年】

表1.9　四种净现金流量状态

年初	1	2	3	4	5	6	7	8
甲	−100	−100	−100	100	100	100	100	100
乙	−50	−50	−200	100	100	100	100	100
丙	−50	−50	−200	50	50	100	100	200
丁	−50	−50	−200	150	150	50	50	100

A. 甲　　　　　　　B. 乙　　　　　　　C. 丙　　　　　　　D. 丁

2. 某施工企业拟从银行借款500万元,期限为5年,年利率为8%,下列还款方式中,施工企业支付本利和最多的是(　　)。【2016年】

A. 每年年末偿还当期利息,第5年年末一次还清本金

B. 第5年年末一次还本付息

C. 每年年末等额本金还款,另付当期利息

D. 每年年末等额本息还款

3. 某施工单位欲投资一个项目,在投资总额和年收益不变的情况下,四个备选方案各年投资比例如表1.10所示(投资时点均相同),则对该单位较为有利的方案是(　　)。【2019年】

表1.10　四个备选方案各年投资比例

备选方案	第1年	第2年	第3年	合计
方案一	50%	40%	10%	100%
方案二	40%	40%	20%	100%

续表

备选方案	第 1 年	第 2 年	第 3 年	合计
方案三	30%	40%	30%	100%
方案四	10%	40%	50%	100%

    A. 方案一　　　　B. 方案二　　　　C. 方案三　　　　D. 方案四

4. 某施工企业向银行借款 250 万元,期限为 2 年,年利率为 6%,半年复利计息一次,第 2 年还本付息,则到期企业需支付给银行的利息为( )万元。【2013 年】

    A. 30.00　　　　B. 30.45　　　　C. 30.90　　　　D. 31.38

5. 某企业以单利计息的方式年初贷款 1000 万元,年利率为 6%,每年年末支付利息,第 5 年年末偿还全部本金,则第 3 年年末应支付的利息为( )万元。【2019 年】

    A. 300.00　　　　B. 180.00　　　　C. 71.46　　　　D. 60.00

6. 甲施工企业年初向银行贷款流动资金 200 万元,按季计算并支付利息,季度利率为 1.5%,则甲施工企业 1 年应支付的该项流动资金贷款利息为( )万元。【2010 年】

    A. 6.00　　　　B. 6.05　　　　C. 12.00　　　　D. 12.27

7. 某施工企业年初向银行贷款流动资金 100 万元,按季度复利,季度利率为 2%,每年支付利息,则第 2 年年末支付的利息总和为( )万元。【2011 年】

    A. 16.00　　　　B. 16.16　　　　C. 16.48　　　　D. 16.80

8. 某企业拟存款 200 万元。下列存款利率和计息方式中,在第 5 年年末存款本息和最多的是( )。【2020 年】

    A. 年利率为 6%,按单利计算

    B. 年利率为 5.5%,每年复利一次

    C. 年利率为 4%,每季度复利一次

    D. 年利率为 5%,每半年复利一次

9. 某企业计划年初投资 200 万元购置新设备以增加产量,已知设备可以使用 6 年,每年增加产品销售收入 60 万元,增加经营成本 20 万元,设备报废时残值为 10 万元,对此项投资活动绘制现金流量图,则第 6 年的净现金流量可以表示为( )。【2007 年】

    A. 向上的现金流量,数值为 50 万元

    B. 向下的现金流量,数值为 30 万元

    C. 向上的现金流量,数值为 30 万元

    D. 向下的现金流量,数值为 50 万元

10. 某企业年初从银行借款 1000 万元,期限为 3 年,年利率为 5%,银行要求每年年末支付当年利息,则第 3 年年末需偿还的本息和是( )万元。【2020 年】

    A. 1050.00　　　　B. 1100.00　　　　C. 1150.00　　　　D. 1157.63

11. 某施工企业每年年末存入银行 100 万元,用于 3 年后的技术改造,已知银行存款年利率为 5%,按年复利计息,则到第 3 年年末可用于技术改造的资金总额为( )万元。【2018 年】

    A. 331.01　　　　B. 330.75　　　　C. 315.25　　　　D. 315.00

12. 某企业第 1 年年初和第 1 年年末分别向银行借款 30 万元,年利率均为 10%,复利计息,第 3～5 年年末等额本息偿还全部借款,则每年年末应偿还金额为( )万元。【2015 年】

    A. 20.94   B. 23.03   C. 27.87   D. 31.57

13. 某企业现在每年年末对外投资 100 万元,5 年后一次性收回本金和利息,若年收益率为 i,则总计可收回投资( )万元。已知:$(P/F,i,5)=0.74$,$(A/P,i,5)=0.24$,$(F/A,i,5)=5.64$。【2013 年】

    A. 133   B. 417   C. 564   D. 668

14. 某施工企业投资 100 万元购入一台施工机械,计划从购买日起的未来 5 年等额收回投资并获取收益。若基准利率为 8%,复利计息,则每年年初应获得的净现金流入为( )。【2012 年】

    A. $100\times(A/P,8\%,5)\times(P/F,8\%,5)$

    B. $100\times(P/A,8\%,6)$

    C. $100\times(A/P,8\%,5)\times(P/F,8\%,1)$

    D. $100\times(A/F,8\%,5)$

15. 已知年利率为 12%,每季度复利计息一次,则年有效利率为( )。【2016 年】

    A. 3.03%   B. 3.00%   C. 12.55%   D. 12.00%

16. 某施工企业欲借款 500 万元,借款期限为 2 年,到期一次还本。现有甲、乙、丙、丁四家银行愿提供贷款,年名义利率均为 7%。其中,甲要求按月计息并支付利息,乙要求按季度计息并支付利息,丙要求按半年计息并支付利息,丁要求按年计息并支付利息。若其他条件相同,则该企业应选择的银行是( )。【2017 年】

    A. 丁   B. 丙   C. 乙   D. 甲

17. 每半年末存款 2000 元,年利率为 4%,每季复利计息一次,则第 2 年年末存款本息和为( )万元。【2015 年】

    A. 8160.00   B. 8243.22   C. 8244.45   D. 8492.93

18. 某企业面对金融机构给出了四种存款条件,相关数据如表 1.11 所示,最有利的选择是( )。【2019 年】

表 1.11　四种存款条件相关数据

存款条件	年计息次数	年名义利率
条件一	1	5%
条件二	2	4%
条件三	4	3%
条件四	12	2%

    A. 条件一   B. 条件二   C. 条件三   D. 条件四

19. 某公司同一笔资金有如下四种借款方案,均在年末支付利息,则优选的借款方案是( )。【2021 年】

A. 年名义利率为 3.6%，按月计息

B. 年名义利率为 4.4%，按季度计息

C. 年名义利率为 5.0%，半年计息一次

D. 年名义利率为 5.5%，一年计息一次

20. 甲、乙、丙和丁四个公司投资相同项目，收益方案如表 1.12 所示（单位：万元），若社会平均收益率为 10%，根据资金时间价值原理，其投资收益最大的是（ ）。【2021 年】

表 1.12 四个公司投资项目的收益方案

公　　司	第 1 年	第 2 年	第 3 年	合　计
甲公司	200	500	300	1000
乙公司	200	400	400	1000
丙公司	300	500	200	1000
丁公司	300	400	300	1000

A. 甲公司　　　　　　　　　　　B. 乙公司

C. 丙公司　　　　　　　　　　　D. 丁公司

21. 企业年初借入一笔资金，年名义利率为 6%，按季度复利计算，年末本利和为 3184.09 万元，则年初借款金额是（ ）万元。【2022 年】

A. 3004.86　　　　　　　　　　B. 3000.00

C. 3018.03　　　　　　　　　　D. 3185.03

22. 关于资金时间价值的说法，正确的是（ ）。【2022 年】

A. 资金的时间价值是资金随时间周转使用的结果

B. 资金的时间价值与资金数量无关

C. 资金的时间价值与资金周转的速度成反比

D. 利率是衡量资金时间价值的绝对尺度

23. 关于一次支付现值、终值、计息期数和折现率相互关系的说法，正确的是（ ）。【2022 年】

A. 现值一定，计息期数相同，折现率越高，终值越小

B. 现值一定，折现率相同，计息期数越少，终值越大

C. 终值一定，折现率相同，计息期数越多，现值越大

D. 终值一定，计息期数相同，折现率越高，现值越小

24. 某项贷款年名义利率为 10%，半年复利计息一次，则该项贷款的年有效利率为（ ）。【2022 年补考】

A. 10.25%　　　　　　　　　　B. 10.38%

C. 10.43%　　　　　　　　　　D. 10.50%

25. 某建设项目总投资 8000 万元，四个备选方案各年投入比例如表 1.13 所示。仅从投入资金时间价值角度考虑，最佳的方案是（ ）。【2022 年补考】

表 1.13 四个备选方案各年投入比例

方 案	第 1 年	第 2 年	第 3 年
方案一	30%	30%	40%
方案二	30%	50%	20%
方案三	20%	50%	30%
方案四	20%	40%	40%

  A. 方案一   B. 方案二   C. 方案三   D. 方案四

26. 某公司年初向银行存入一笔款项,存款年利率为 6%,按年复利息在第 3 年末本利和为 1157.63 万元,则该公司年初应存入( )万元。【2022 年补考】

  A. 971.97   B. 981.04   C. 1000.00   D. 1092.10

二、多项选择题

1. 关于利率高低影响因素的说法,正确的有( )。【2011 年】

  A. 利率的高低首先取决于社会平均利润率的高低,并随之变动

  B. 借出资本所承担的风险越大,利率越低

  C. 资本借出期间的不可预见因素越多,利率越高

  D. 社会平均利润率不变的情况下,借贷资本供过于求会导致利率上升

  E. 借出资本期限越长,利率越高

2. 关于时间价值的说法,正确的是( )。【2020 年】

  A. 单位时间资金增值率一定的情况下,资金的时间价值与使用时间成正比

  B. 资金随时间推移而贬值的部分就是原有资金的时间价值

  C. 投入资金总额一定的情况下,前期投入的资金越多,资金的正效益越大

  D. 其他条件不变的情况下,资金的时间价值与资金数量成正比

  E. 一定时间内等量资金的周转次数越多,资金的时间价值越大

3. 下列关于现金流量图绘制的说法,正确的有( )。【2015 年】

  A. 箭线与时间轴的交点即为现金流量发生时点的起始时点

  B. 横轴是时间轴,向右延伸表示时间的延续

  C. 箭线长短要与该时点现金流量数值大小成正比例绘制

  D. 对投资人而言,在横轴上方的箭线表示现金流出

  E. 零表示现金流量序列的起点

4. 关于有效利率和名义利率关系的说法,正确的有( )。【2012 年】

  A. 年有效利率和名义利率的关系实质上与复利和单利的关系一样

  B. 每年计息周期数越多,则年有效利率和名义利率的差异越大

  C. 只要名义利率大于零,则据此计算出来的年有效利率一定大于年名义利率

  D. 计息周期与利率周期相同时,周期名义利率与有效利率相等

  E. 单利计息时,名义利率和有效利率没有差别

三、简答题

1. 简述影响资金时间价值的因素。

2. 为什么利息常常被看作资金的一种机会成本？

3. 简述利息和利率在工程经济活动中的作用。

4. 解释净现金流量的概念。

5. 简述等值计算公式使用注意事项。

6. 简述名义利率的计算方法。

7. 简述年有效利率和名义利率的关系。

第2章　技术方案经济效果评价

工程经济分析的任务就是要根据所考察工程的预期目标和所拥有的资源条件,分析该工程的现金流量情况,选择合适的技术方案,以获得最佳的经济效果。这里的技术方案是广义的,既可以是工程建设中各种技术措施和方案(如工程设计、施工工艺、生产方案、设备更新、技术改造、新技术开发、工程材料利用、节能降耗、环境技术、工程安全和防护技术等措施和方案),也可以是建设相关企业的发展战略方案(如企业发展规划以及生产经营、投资、技术发展等关乎企业生存发展的战略方案)。可以说技术方案是工程经济最直接的研究对象,而获得最佳的技术方案经济效果则是工程经济的研究目的。

2.1　经济效果评价的内容

所谓经济效果评价,就是根据国民经济与社会发展以及行业、地区发展规划的要求,在拟订的技术方案、财务效益与费用估算的基础上,采用科学的分析方法,对技术方案的财务可行性和经济合理性进行分析论证,为选择技术方案提供科学的决策依据。

2.1.1　经济效果评价的基本内容

经济效果评价的内容应根据技术方案的性质、目标、投资者、财务主体以及方案对经济与社会的影响程度等具体情况确定,一般包括方案盈利能力、偿债能力、财务生存能力等评价内容。

1. 技术方案的盈利能力

技术方案的盈利能力是指分析和测算拟订技术方案计算期的盈利能力和盈利水平。其主要分析指标包括方案财务内部收益率、财务净现值、资本金财务内部收益率、静态投资回收期、总投资收益率和资本金净利润率等,可根据拟订技术方案的特点以及经济效果分析的目的和要求等选用。

净利润是指企业当期利润总额减去所得税后的金额,即企业的税后利润。

2. 技术方案的偿债能力

技术方案的偿债能力是指分析和判断财务主体的偿债能力,其主要指标包括利息备付率、偿债备付率和资产负债率等。

资产负债率是指投资方案各期末负债总额与资产总额的比率。适度的资产负债率,表明企业经营安全、稳健,具有较强的筹资能力,也表明企业和债权人的风险较小。对该指标的分析,应结合国家宏观经济状况、行业发展前景、企业所处的竞争环境状况等具体条件确定。

3. 技术方案的财务生存能力（经营性和非经营性的区别）

财务生存能力分析也称资金平衡分析，是根据拟订技术方案的财务计划现金流量表，通过考察拟订技术方案计算期内各年的投资、融资和经营活动所产生的各项现金流入和流出，计算净现金流量和累计盈余资金，分析技术方案是否有足够的净现金流量维持正常运营，以实现财务可持续性。而财务可持续性应首先体现在有足够的经营净现金流量，这是财务可持续的基本条件；其次在整个运营期间，允许个别年份的净现金流量出现负值，但各年累计盈余资金不应出现负值，这是财务生存的必要条件。若出现负值，应进行短期借款，同时分析该短期借款的时间长短和数额大小，进一步判断拟订技术方案的财务生存能力。短期借款应体现在财务计划现金流量表中，其利息应计入财务费用。为维持技术方案正常运营，还应分析短期借款的可靠性。

融资，从狭义上讲，是一个企业筹集资金的行为与过程。

财务计划现金流量表反映技术方案计算期各年的投资、融资及经营活动所产生的现金流入和流出，用于计算净现金流量和累计盈余资金，考察资金平衡和余缺情况，分析技术方案的财务生存能力，即分析技术方案是否能为企业创造足够的净现金流量以维持正常运营，进而考察实现财务可持续性的能力。

投入的资金、花费的成本和获取的收益均可看作以资金形式体现的该系统的资金流出或资金流入。这种在考察技术方案整个期间各时点 t 上实际发生的资金流出或资金流入称为现金流量，其中流出系统的资金称为现金流出，流入系统的资金称为现金流入，现金流入与现金流出之差称为净现金流量。

短期借款是指企业根据生产经营的需要，从银行或其他金融机构借入的偿还期在一年以内的各种借款，包括生产周转借款、临时借款等。

在实际应用中，对于经营性方案，经济效果评价是从拟订技术方案的角度出发，根据国家现行财政、税收制度和现行市场价格，计算拟订技术方案的投资费用、成本与收入、税金等财务数据，通过编制财务分析报表，计算财务指标，分析拟订技术方案的盈利能力、偿债能力和财务生存能力，据此考察拟订技术方案的财务可行性和财务可接受性，明确拟订技术方案对财务主体及投资者的价值贡献，并得出经济效果评价的结论。投资者可根据拟订技术方案的经济效果评价结论、投资的财务状况和投资所承担的风险程度，决定拟订技术方案是否应该实施。对于非经营性方案，经济效果评价应主要分析拟订技术方案的财务生存能力，据此还可以提出需要政府补助以维持技术方案持续运营的费用。

2.1.2 经济效果评价方法

由于经济效果评价的目的在于确保决策的正确性和科学性，避免或最大限度地降低技术方案的投资风险，明确技术方案投资的经济效果水平，最大限度地提高技术方案投资的综合经济效果。因此，正确选择经济效果评价的方法是十分重要的。

1. 经济效果评价的基本方法

经济效果评价的基本方法包括确定性评价方法与不确定性评价方法两类。对同一个技术方案必须同时进行确定性评价和不确定性评价。

2. 经济效果评价方法的分类

1）按评价方法的性质分类

按评价方法的性质不同，将经济效果评价分为定量分析和定性分析。

（1）定量分析。定量分析是指对可度量因素的分析方法。在技术方案经济效果评价中考虑的定量分析因素，包括资产价值、资本成本、有关销售额、成本等可以以货币表示的一切费用和收益。

（2）定性分析。定性分析是指对无法精确度量的重要因素实行的估量分析方法。

在技术方案经济效果评价中，应坚持定量分析与定性分析相结合，以定量分析为主的原则。

2）按评价方法是否考虑时间因素分类

对定量分析，按其是否考虑时间因素又可分为静态分析和动态分析。

（1）静态分析。静态分析是不考虑资金的时间因素，即不考虑时间因素对资金价值的影响，而对现金流量分别进行直接汇总来计算分析指标的方法。

（2）动态分析。动态分析是在分析方案的经济效果时，对发生在不同时间的现金流量折现后再计算分析指标。在工程经济分析中，由于时间和利率的影响，对技术方案的每一笔现金流量都应该考虑它所发生的时间，以及时间因素对其价值的影响。动态分析能较全面地反映技术方案整个计算期的经济效果。

在技术方案经济效果评价中，应坚持动态分析与静态分析相结合，并以动态分析为主的原则。

3）按评价是否考虑融资分类

经济效果分析可分为融资前分析和融资后分析。一般宜先进行融资前分析，在融资前分析结论满足要求的情况下，初步设定融资方案，再进行融资后分析。

（1）融资前分析。融资前分析应考察技术方案整个计算期内现金流入和现金流出，编制技术方案投资现金流量表，计算技术方案投资内部收益率、净现值和静态投资回收期等指标。融资前分析排除了融资方案变化的影响，从技术方案投资总获利能力的角度考察方案设计的合理性，应作为技术方案初步投资决策与融资方案研究的依据和基础。融资前分析应以动态分析为主，以静态分析为辅。

（2）融资后分析。融资后分析应以融资前分析和初步的融资方案为基础，考察技术方案在拟订融资条件下的盈利能力、偿债能力和财务生存能力，判断技术方案在融资条件下的可行性。融资后分析用于比选融资方案，帮助投资者做出融资决策。融资后的盈利能力分析也应包括动态分析和静态分析。

① 动态分析包括下列两个层次。

一是技术方案资本金现金流量分析。分析应在拟订的融资方案下，从技术方案资本金出资者整体的角度，计算技术方案资本金财务内部收益率指标，考察技术方案资本金可获得的收益水平。

二是投资各方现金流量分析。分析应从投资各方实际收入和支出的角度，计算投资各方的财务内部收益率指标，考察投资各方可能获得的收益水平。

② 静态分析是指不采取折现方式处理数据,依据利润与利润分配表计算技术方案资本金净利润率(ROE)和总投资收益率(ROI)指标。静态分析可根据技术方案的具体情况选做。

4)按技术方案评价的时间分类

按技术方案评价的时间,可分为事前评价、事中评价和事后评价。

(1)事前评价。它是指在技术方案实施前为决策所进行的评价。显然,事前评价都有一定的预测性,因而也就有一定的不确定性和风险性。

(2)事中评价。也称跟踪评价,是指在技术方案实施过程中所进行的评价。这是由于在技术方案实施前所做的评价结论及评价所依据的外部条件(市场条件、投资环境等)的变化而需要进行修改,或因事前评价时考虑问题不周、失误,甚至根本未做事前评价或者在建设中遇到困难,而不得不反过来重新进行评价,以决定原决策有无全部或局部修改的必要性。

(3)事后评价。也称后评价,是在技术方案实施完成后,总结评价技术方案决策的正确性和技术方案实施过程中项目管理的有效性等。

2.1.3 经济效果评价的程序

1. 熟悉技术方案的基本情况

熟悉技术方案的基本情况包括投资目的、意义、要求、建设条件和投资环境,做好市场调查研究和预测、技术水平研究和设计方案。

2. 收集、整理和计算有关技术经济基础数据资料与参数

技术经济基础数据资料与参数是进行技术方案经济效果评价的基本依据,所以在进行经济效果评价之前,必须先收集、估计、测算和选定一系列有关的技术经济基础数据资料与参数。主要包括以下几点。

(1)技术方案投入物和产出物的价格、费率、税率、汇率、计算期、生产负荷及基准收益率等。它们是重要的技术经济数据与参数,在对技术方案进行经济效果评价时,必须科学、合理地选用。

(2)技术方案建设期间分年度投资支出额和技术方案投资总额。技术方案投资包括建设投资和流动资金需要量。

(3)技术方案资金来源方式、数额、利率、偿还时间,以及分年还本付息数额。

(4)技术方案生产期间的分年产品成本。分别计算出总成本、经营成本、单位产品成本、固定成本和变动成本。

(5)技术方案生产期间的分年产品销售数量、营业收入、税金及附加以及营业利润及其分配数额。

根据以上技术经济基础数据资料与参数分别估测出技术方案整个计算期(包括建设期和运营期)的财务数据。

3. 根据基础财务数据资料编制各基本财务报表

财务报表主要包括资产负债表、利润表和现金流量表等。

4. 经济效果评价

运用财务报表的数据与相关参数,计算技术方案的各经济效果分析指标值,并进行经济可行性分析,得出结论。具体步骤如下。

（1）首先进行融资前的盈利能力分析,其结果体现技术方案本身设计的合理性,用于初步投资决策以及方案的比选。也就是说用于考察技术方案是否可行,是否值得去融资。这对技术方案投资者、债权人和政府管理部门都是有用的。

（2）如果步骤(1)分析的结论是"可行"的,那么进一步去寻求适宜的资金来源和融资方案,就需要借助于对技术方案的融资后分析,即资本金盈利能力分析和偿债能力分析,投资者和债权人可据此作出最终的投融资决策。

2.1.4　经济效果评价方案

由于技术经济条件的不同,实现同一目的的技术方案也不同。因此,经济效果评价的基本对象就是实现预定目的的各种技术方案。评价方案的类型较多,但常见的主要有两类。

1. 独立型方案

独立型方案是指技术方案间互不干扰、在经济上互不相关的技术方案,即这些技术方案是彼此独立无关的,选择或放弃其中一个技术方案,并不影响其他技术方案的选择。显然,单一方案是独立型方案的特例。对独立型方案的评价选择,其实质就是在"做"与"不做"之间进行选择。因此,独立型方案在经济上是否可接受,取决于技术方案自身的经济性,即技术方案的经济指标是否达到或超过了预定的评价标准或水平。为此,只需通过计算技术方案的经济指标,并按照指标的判别准则加以检验就可做到。这种对技术方案自身的经济性检验叫作"绝对经济效果检验",若技术方案通过了绝对经济效果检验,就认为技术方案在经济上是可行的、可以接受的、值得投资的;否则,应予拒绝。

2. 互斥型方案

互斥型方案又称排他型方案,在若干备选技术方案中,各个技术方案彼此可以相互代替,因此技术方案具有排他性,选择其中任何一个技术方案,则其他技术方案必然被排斥。互斥方案比选是工程经济评价工作的重要组成部分,也是寻求合理决策的必要手段。

方案的互斥性,使我们在若干技术方案中只能选择一个技术方案实施,由于每一个技术方案都具有同等可供选择的机会,为使资金发挥最大的效益,我们当然希望所选出的这一个技术方案是若干备选方案中经济性最优的。因此,互斥方案经济评价包含两部分内容:一是考察各个技术方案自身的经济效果,即进行"绝对经济效果检验";二是考察哪个技术方案相对经济效果更优,即"相对经济效果检验"。两种检验的目的和作用不同,通常缺一不可,从而确保所选技术方案不但最优而且可行。只有在众多互斥方案中必须选择其中之一时才可单独进行相对经济效果检验。但需要注意的是,在进行相对经济效果检验时,无论使用哪种指标,都必须满足方案可比条件(包括方案在满足需要、消耗费用、价格、时间和原始数据资料等方面的可比性)。

2.1.5　技术方案的计算期

技术方案的计算期是指在经济效果评价中为进行动态分析所设定的期限,包括建设期和运营期。

1. 建设期

建设期是指技术方案从资金正式投入开始到技术方案建成投产为止所需要的时间。建设期应参照技术方案建设的合理工期或技术方案的建设进度计划合理确定。

2. 运营期

运营期分为投产期和达产期两个阶段。

(1)投产期是指技术方案投入生产,但生产能力尚未完全达到设计能力时的过渡阶段。

(2)达产期是指生产运营达到设计预期水平后的时间。

运营期一般应根据技术方案主要设施和设备的经济寿命期(或折旧年限)、产品寿命期、主要技术的寿命期等多种因素综合确定。行业有规定时,应从其规定。

综上可知,技术方案计算期的长短主要取决于技术方案本身的特性,因此无法对技术方案计算期作出统一规定。计算期不宜定得太长:一方面是因为按照现金流量折现的方法,把后期的净收益折为现值的数值相对较小,很难对经济效果分析结论产生有决定性的影响;另一方面由于时间越长,预测的数据会越不准确。

计算期较长的技术方案多以年为时间单位。对于计算期较短的技术方案,在较短的时间间隔内(如月、季、半年或其他非日历时间间隔)现金流水平有较大变化,可根据技术方案的具体情况选择合适的计算现金流量的时间单位。

由于折现评价指标受计算时间的影响,对需要比较的技术方案应取相同的计算期。

2.2　经济效果评价指标体系

技术方案的经济效果评价,一方面取决于基础数据的完整性和可靠性;另一方面取决于选取的评价指标体系的合理性,只有选取正确的评价指标体系,经济效果评价的结果才能与客观实际情况相吻合,才具有实际意义。一般来讲,技术方案的经济效果评价指标不是唯一的,在工程经济分析中,常用的经济效果评价指标体系如图 2.1 所示。

静态分析指标的最大特点是不考虑时间因素,计算简便。所以在对技术方案进行粗略评价,或对短期投资方案进行评价,或对逐年收益大致相等的技术方案进行评价时,静态分析指标还是可采用的。

动态分析指标强调利用复利方法计算资金时间价值,它将不同时间内资金的流入和流出,换算成同一时点的价值,从而为不同技术方案的经济比较提供了可比基础,并能反映技术方案在未来时期的发展变化情况。

总之,在进行技术方案经济效果评价时,应根据评价深度要求、可获得资料的多少以及评价方案本身所处的条件,选用多个不同的评价指标,这些指标有主有次,从不同侧面反映评价方案的经济效果。

经济效果评价
- 确定性分析
  - 盈利能力分析
    - 静态分析
      - 投资收益率
        - 总投资收益率
        - 资本金净利润率
      - 静态投资回收期
    - 动态分析
      - 财务内部收益率
      - 财务净现值
  - 偿债能力分析
    - 利息备付率
    - 偿债备付率
    - 借款偿还期
    - 资产负债率
    - 流动比率
    - 速动比率
- 不确定性分析
  - 盈亏平衡分析
  - 敏感性分析

图 2.1 经济效果评价指标体系

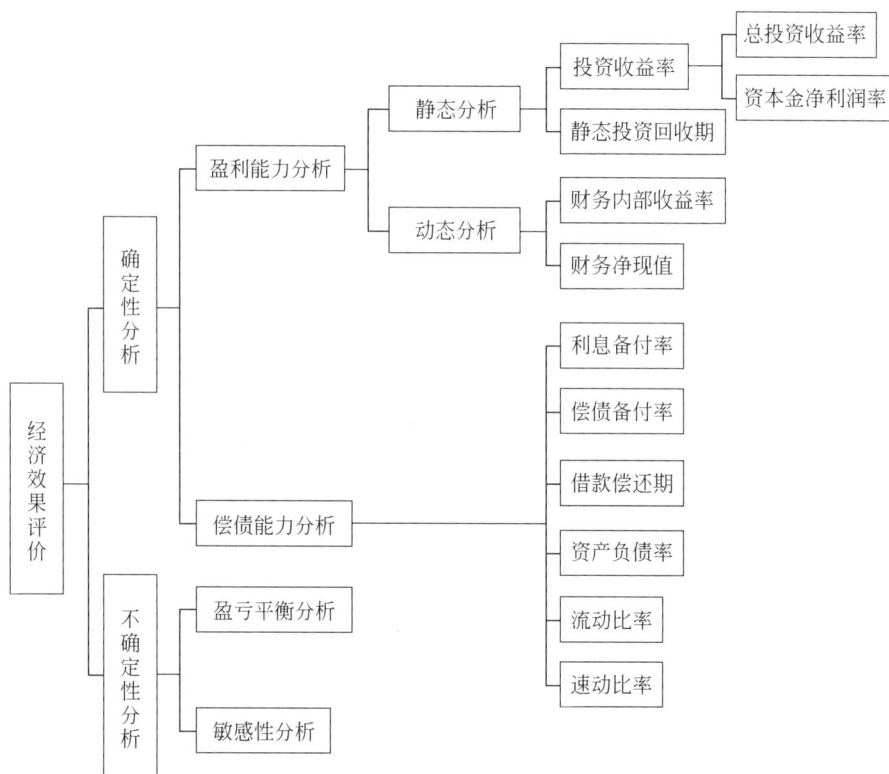

2.3 投资收益率分析

2.3.1 概念

投资收益率是衡量技术方案获利水平的评价指标,它是技术方案建成投产达到设计生产能力后一个正常生产年份的年净收益额与技术方案投资的比率。它表明技术方案在正常生产年份中,单位投资每年所创造的年净收益额。对生产期内各年的净收益额变化幅度较大的技术方案,可计算生产期年平均净收益额与技术方案投资的比率,其计算公式如下:

$$R = \frac{A}{I} \times 100\% \tag{2.1}$$

式中,R——投资收益率;

A——技术方案年净收益额或年平均净收益额;

I——技术方案投资。

2.3.2 判别准则

将计算出的投资收益率(R)与所确定的基准投资收益率(R_c)进行比较。若 $R \geqslant R_c$,则技术方案可以考虑接受;若 $R < R_c$,则技术方案是不可行的。

2.3.3 应用式

根据分析的目的不同,投资收益率又具体分为:总投资收益率(ROI)、资本金净利润率(ROE)。

1. 总投资收益率

总投资收益率(ROI)表示总投资的盈利水平,按式(2.2)计算:

$$\text{ROI} = \frac{\text{EBIT}}{\text{TI}} \times 100\% \qquad (2.2)$$

式中,EBIT——技术方案运营期内正常年份的年息税前利润或运营期内年平均息税前利润,年息税前利润=年利润总额+计入年总成本费用的利息费用;

TI——技术方案总投资(包括建设投资、建设期贷款利息和全部流动资金)。

式(2.2)中所需的财务数据均可从相关的财务报表中获得。总投资收益率高于同行业的收益率参考值,表明用总投资收益率表示的技术方案盈利能力满足要求。

2. 资本金净利润率

技术方案资本金净利润率(ROE)表示技术方案资本金的盈利水平,按式(2.3)计算:

$$\text{ROE} = \frac{\text{NP}}{\text{EC}} \times 100\% \qquad (2.3)$$

式中,NP——技术方案正常年份的年净利润或运营期内年平均净利润,净利润=利润总额−所得税;

EC——技术方案资本金。

式(2.3)中所需的财务数据,均可从相关的财务报表中获得。技术方案资本金净利润率高于同行业的净利润率参考值,表明用资本金净利润率表示的技术方案盈利能力满足要求。

【例 2.1】 已知某技术方案拟投入资金和利润如表 2.1 所示。计算该技术方案的总投资利润率和资本金利润率。

表 2.1 某技术方案拟投入资金和利润 　　　　　单位:万元

序号	项 目	计算期/年						
		1	2	3	4	5	6	7~10
1	建设投资							
1.1	自有资金部分	1200	340					
1.2	贷款本金		2000					
1.3	贷款利息(年利率为 6%,投产后前 4 年等本偿还,利息照付)		60	123.6	92.7	61.8	30.9	
2	流动资金							
2.1	自有资金部分			300				

序号	项　目	计算期/年						
		1	2	3	4	5	6	7~10
2.2	贷款			100	400			
2.3	贷款利息(年利率为 4%)			4	20	20	20	20
3	所得税前利润			−50	550	590	620	650
4	所得税(所得税率为 25%)			0	125	147.5	155	162.5
5	所得税后利润(所得税率为 25%)			−50	425	442.5	465	487.5

解：1) 计算总投资收益率

(1) 技术方案总投资：

$$TI = 建设投资 + 建设期贷款利息 + 全部流动资金$$
$$= 1200 + 340 + 2000 + 60 + 300 + 100 + 400 = 4400(万元)$$

(2) 年平均息税前利润：

$$EBIT = [(123.6 + 92.7 + 61.8 + 30.9 + 4 + 20 \times 7)$$
$$+ (-50 + 550 + 590 + 620 + 650 \times 4)] \div 8$$
$$= (453 + 4310) \div 8 \approx 595.4(万元)$$

(3) 根据式(2.2)可计算总投资收益率。

$$ROI = \frac{EBIT}{TI} \times 100\% = \frac{595.4}{4400} \times 100\% \approx 13.53\%$$

2) 计算资本金净利润率

(1) 技术方案资本金：

$$EC = 1200 + 340 + 300 = 1840(万元)$$

(2) 年平均净利润：

$$NP = (-50 + 425 + 442.5 + 465 + 487.5 \times 4) \div 8$$
$$= 3232.5 \div 8 \approx 404.06(万元)$$

(3) 根据式(2.3)可计算资本金净利润率。

$$ROE = \frac{NP}{EC} \times 100\% = \frac{404.06}{1840} \times 100\% \approx 21.96\%$$

总投资收益率是用来衡量整个技术方案的获利能力,要求技术方案的总投资收益率应大于行业的平均投资收益率;总投资收益率越高,从技术方案所获得的收益就越多。而资本金净利润率则是用来衡量技术方案资本金的获利能力,资本金净利润率越高,资本金所取得的利润就越多,权益投资盈利水平也就越高;反之,则情况相反。对于技术方案而言,若总投资收益率或资本金净利润率高于同期银行利率,适度举债是有利的;反之,过高的负债比率将损害企业和投资者的利益。由此可以看出,总投资收益率或资本金净利润率指标不仅可以用来衡量技术方案的获利能力,还可以作为技术方案筹资决策参考的依据。

负债比率是企业全部负债与全部资金来源的比率,用于表明企业负债占全部资金的比重。负债比率是指债务和资产、净资产的关系,它反映企业偿付债务本金和支付债务利息的能力。

2.3.4 优劣

投资收益率(R)指标经济意义明确、直观,计算简便,在一定程度上反映了投资效果的优劣,可适用于各种投资规模。但不足的是没有考虑投资收益的时间因素,忽视了资金具有时间价值的重要性;指标的计算主观随意性太强,正常生产年份的选择比较困难,其确定带有一定的不确定性和人为因素。因此,以投资收益率指标作为主要的决策依据不太可靠,其主要用在技术方案制订的早期阶段或研究过程,且计算期较短,不具备综合分析所需详细资料的技术方案,尤其适用于工艺简单而生产情况变化不大的技术方案的选择和投资经济效果的评价。

2.4 投资回收期分析

2.4.1 概念

投资回收期也称返本期,是反映技术方案投资回收能力的重要指标,分为静态投资回收期和动态投资回收期,通常只进行技术方案静态投资回收期计算分析。

技术方案静态投资回收期是在不考虑资金时间价值的条件下,以技术方案的净收益回收其总投资(包括建设投资和流动资金)所需要的时间,一般以年为单位。静态投资回收期宜从技术方案建设开始年算起,若从技术方案投产开始年算起,应予以特别注明。从建设开始年算起,静态投资回收期(P_t)的计算公式如下:

$$\sum_{t=0}^{P_t}(CI-CO)_t = 0 \tag{2.4}$$

式中,P_t——技术方案静态投资回收期;

CI——技术方案现金流入量;

CO——技术方案现金流出量;

$(CI-CO)_t$——技术方案第 t 年净现金流量。

2.4.2 应用式

静态投资回收期可借助技术方案投资现金流量表,根据净金流量计算,其具体计算又分以下两种情况。

(1) 当技术方案实施后各年的净收益(即净现金流量)均相同时,静态投资回收期的计算公式如下:

$$P_t = \frac{I}{A} \tag{2.5}$$

式中,I——技术方案总投资;

A——技术方案每年的净收益,即 $A=(CI-CO)_t$。

【例 2.2】 某技术方案估计总投资 2800 万元,技术方案实施后各年净收益为 320 万元,则该技术方案的静态投资回收期为

$$P_t = \frac{2800}{320} = 8.75 \, (\text{年})$$

在应用式(2.5)时应注意,由于技术方案的年净收益不等于年利润额,所以静态投资回收期不等于投资利润率的倒数。

(2) 当技术方案实施后各年的净收益不相同时,静态投资回收期可根据累计净现金流量求得(见图 2.2),也就是在技术方案投资现金流量表中累计净现金流量由负值变为零的时点。其计算公式为

$$P_t = T - 1 + \frac{\left| \sum_{t=0}^{T-1} (CI - CO)_t \right|}{(CI - CO)_T} \quad (2.6)$$

式中,T——技术方案各年累计净现金流量首次为正或零的年数;

$\left| \sum_{t=0}^{T-1} (CI - CO)_t \right|$——技术方案第 $T-1$ 年累计净现金流量的绝对值;

$(CI - CO)_T$——技术方案第 T 年的净现金流量。

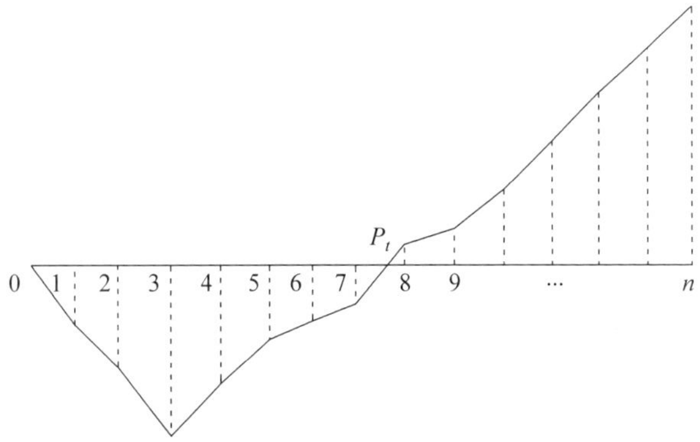

图 2.2 静态投资回收期示意图

【例 2.3】 某技术方案投资现金流量表的数据如表 2.2 所示,计算该技术方案的静态投资回收期。

表 2.2 某技术方案投资现金流量表　　　　　　　　　　单位:万元

项　　目	计算期/年								
	0	1	2	3	4	5	6	7	8
1. 现金流入	—	—	—	800	1200	1200	1200	1200	1200
2. 现金流出	—	600	900	500	700	700	700	700	700
3. 净现金流量	—	−600	−900	300	500	500	500	500	500
4. 累计净现金流量	—	−600	−1500	−1200	−700	−200	300	800	1300

解：根据式(2.6)，可得

$$P_t = 6 - 1 + \frac{|-200|}{500} = 5.4(\text{年})$$

2.4.3　判别准则

将计算出的静态投资回收期 P_t 与所确定的基准投资回收期 P_c 进行比较。若 $P_t \leqslant P_c$，表明技术方案投资能在规定的时间内收回，则技术方案可以考虑接受；若 $P_t > P_c$，则技术方案是不可行的。

不同的部门或行业有不同的基准投资回收期标准；投资人也可以有自己的标准。

2.4.4　优劣

静态投资回收期指标容易理解，计算也比较简便，在一定程度上显示了资本的周转速度。显然，资本周转速度越快，静态投资回收期越短，风险越小，技术方案抗风险能力越强。因此在技术方案经济效果评价中一般都要求计算静态投资回收期，以反映技术方案原始投资的补偿速度和技术方案投资风险性。对于那些技术上更新迅速的技术方案，或资金相当短缺的技术方案，或未来的情况很难预测而投资者又特别关心资金补偿的技术方案，采用静态投资回收期评价特别有实用意义。

静态投资回收期的不足主要有：一是没有全面地考虑技术方案在整个计算期内的现金流量，即只考虑回收之前的效果，不能反映投资回收之后的情况，故无法全面衡量技术方案在整个计算期内的经济效果；二是没有考虑资金时间价值，只考虑回收之前各年净现金流量的直接加减，以致无法准确判别技术方案的优劣。所以，静态投资回收期作为技术方案选择和技术方案排队的评价准则是不可靠的，它只能作为辅助评价指标，或与其他评价指标结合应用。

2.5　财务净现值分析

2.5.1　概念

财务净现值(FNPV)是反映技术方案在计算期内盈利能力的动态评价指标。技术方案的财务净现值是指用一个预定的基准收益率(或设定的折现率) i_c，分别把整个计算期间内各年所发生的净现金流量都折现到技术方案开始实施时的现值之和。财务净现值计算公式如下：

$$\text{FNPV} = \sum_{t=0}^{n} (\text{CI} - \text{CO})_t (1 + i_c)^{-t} \tag{2.7}$$

式中，FNPV——财务净现值；

$(\text{CI} - \text{CO})_t$——技术方案第 t 年的净现金流量(应注意"＋""－"号)；

i_c——基准收益率；

n——技术方案计算期。

可根据需要选择计算所得税前财务净现值或所得税后财务净现值。

2.5.2　判别准则

财务净现值是评价技术方案盈利能力的绝对指标。当 FNPV>0 时,说明该技术方案除了满足基准收益率要求的盈利之外,还能得到超额收益,换句话说,技术方案现金流入的现值和大于现金流出的现值和,该技术方案有收益,故该技术方案在经济上可行;当 FNPV=0 时,说明该技术方案基本能满足基准收益率要求的盈利水平,即技术方案现金流入的现值正好抵偿技术方案现金流出的现值,该技术方案在经济上还是可行的;当 FNPV<0 时,说明该技术方案不能满足基准收益率要求的盈利水平,即技术方案收益的现值不能抵偿支出的现值,该技术方案在经济上不可行。

对多个互斥技术方案评价时,在所有 FNPV≥0 的技术方案中,以财务净现值最大的技术方案为财务上相对更优的方案。

【例 2.4】 已知某技术方案有如表 2.3 所示的现金流量,设 $i_c=8\%$,试计算财务净现值(FNPV)。

表 2.3　某技术方案净现金流量　　　　　　　　　　单位:万元

计算期/年	1	2	3	4	5	6	7
净现金流量	−4200	−4700	2000	2500	2500	2500	2500

解:根据式(2.5),可以得到

$$FNPV = -4200 \times \frac{1}{1+8\%} - 4700 \times \frac{1}{(1+8\%)^2} + 2000 \times \frac{1}{(1+8\%)^3}$$
$$+ 2500 \times \frac{1}{(1+8\%)^4} + 2500 \times \frac{1}{(1+8\%)^5} + 2500 \times \frac{1}{(1+8\%)^6}$$
$$+ 2500 \times \frac{1}{(1+8\%)^7}$$
$$\approx -4200 \times 0.9259 - 4700 \times 0.8573 + 2000 \times 0.7938 + 2500 \times 0.7350$$
$$+ 2500 \times 0.6806 + 2500 \times 0.6302 + 2500 \times 0.5835$$
$$\approx 242.76(万元)$$

由于 FNPV≈242.76 万元>0,所以该技术方案在经济上可行。

2.5.3　优劣

财务净现值指标的优点是:考虑了资金的时间价值,并全面考虑了技术方案在整个计算期内现金流量的时间分布状况;经济意义明确直观,能够直接以货币额表示技术方案的盈利水平;判断直观。不足之处是:必须首先确定一个符合经济现实的基准收益率,而基准收益率的确定往往是比较困难的;在互斥方案评价时,财务净现值必须慎重考虑互斥方案的寿命,如果互斥方案寿命不等,必须构造一个相同的分析期限,才能进行各个方案之间的比选;财务净现值也不能真正反映技术方案投资中单位投资的使用效率;不能直接说明在技术方案运营期间各年的经营成果;没有给出该投资过程确切的收益大小,不能反映投资的回收速度。

2.6 财务内部收益率分析

2.6.1 概念

对具有常规现金流量(即在计算期内,开始时有支出而后才有收益,且方案的净现金流量序列的符号只改变一次的现金流量)的技术方案,其财务净现值的大小与折现率的高低有直接的关系。若已知某技术方案各年的净现金流量,则该技术方案的财务净现值就完全取决于所选用的折现率,即财务净现值是折现率的函数。其表达式如下:

$$\mathrm{FNPV}(i) = \sum_{t=0}^{n} (\mathrm{CI} - \mathrm{CO})_t (1+i)^{-t} \tag{2.8}$$

工程经济中常规技术方案的财务净现值函数曲线在其定义域($-1 < i < +\infty$)内(对大多数工程经济实际问题来说是 $0 \leqslant i < \infty$),随着折现率的逐渐增大,财务净现值由大变小,由正变负,FNPV 与 i 之间的关系一般如图 2.3 所示。

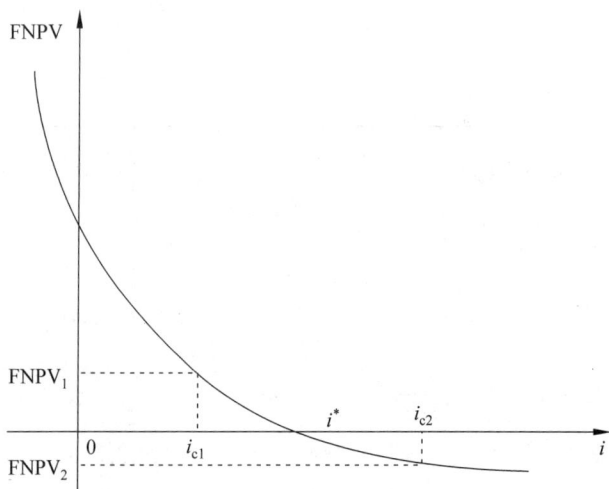

图 2.3 常规技术方案的净现值函数曲线

从图 2.3 可以看出,按照财务净现值的评价准则,只要 $\mathrm{FNPV}(i) \geqslant 0$,技术方案就可接受。但由于 $\mathrm{FNPV}(i)$ 是 i 的递减函数,故折现率 i 定得越高,技术方案被接受的可能性越小。那么,若 $\mathrm{FNPV}(0) > 0$,则 i 最大可以大到多少,仍使技术方案可以接受呢?很明显,i 可以大到使 $\mathrm{FNPV}(i) = 0$,这时 $\mathrm{FNPV}(i)$ 曲线与横轴相交,i 达到了其临界值 i^*,可以说 i^* 是财务净现值评价准则的一个分水岭。i^* 就是财务内部收益率(FIRR)。

对常规技术方案,财务内部收益率实质就是使技术方案在计算期内各年净现金流量的现值累计等于零时的折现率。其数学表达式为

$$\mathrm{FNPV}(\mathrm{FIRR}) = \sum_{t=0}^{n} (\mathrm{CI} - \mathrm{CO})_t (1+\mathrm{FIRR})^{-t} = 0 \tag{2.9}$$

式中,FIRR——财务内部收益率。

财务内部收益率是一个未知的折现率,由式(2.9)可知,求方程式中的折现率需解高次方程,不易求解。在实际工作中,一般通过计算机直接计算,手算时可采用试算法确定财务内部收益率 FIRR。

2.6.2 判别准则

财务内部收益率计算出来后,与基准收益率进行比较。若 $\text{FIRR} \geqslant i_c$,则技术方案在经济上可以接受;若 $\text{FIRR} < i_c$,则技术方案在经济上应予拒绝。技术方案投资财务内部收益率、技术方案资本金财务内部收益率和投资各方财务内部收益率可有不同判别基准。

2.6.3 优劣

财务内部收益率(FIRR)指标考虑了资金的时间价值以及技术方案在整个计算期内的经济状况,不仅能反映投资过程的收益程度,而且 FIRR 的大小不受外部参数影响,完全取决于技术方案投资过程净现金流量系列的情况。这种技术方案内部决定性,使它在应用中具有一个显著的优点,即避免了像财务净现值之类的指标那样需事先确定基准收益率这个难题,而只需要知道基准收益率的大致范围即可。同时,财务内部收益率是一个考察技术方案盈利能力的相对值指标,与人们通常以相对数表示投资收益的习惯比较符合。但不足的是财务内部收益率计算比较麻烦;对于具有非常规现金流量的技术方案来讲,其财务内部收益率在某些情况下甚至不存在或存在多个解,而对多个解的分析、检验和判断是比较复杂的;不能直接用于互斥方案之间的比选。因此,财务内部收益率特别适用于独立的、具有常规现金流量的技术方案的经济评价和可行性判断。

2.6.4 FIRR 与 FNPV 比较

对独立常规技术方案的评价,从图 2.3 可知,当 $\text{FIRR} > i_{c1}$ 时,根据 FIRR 评价的判断准则,技术方案可以接受;而 i_{c1} 对应的 $\text{FNPV}_1 > 0$,根据 FNPV 评价的判断准则,技术方案也可接受。当 $\text{FIRR} < i_{c2}$ 时,根据 FIRR 评价的判断准则,技术方案不能接受;i_{c2} 对应的 $\text{FNPV}_2 < 0$,根据 FNPV 评价的判断准则,技术方案也不能接受。由此可见,对独立常规技术方案应用 FIRR 评价与应用 FNPV 评价均可,其结论是一致的。

FNPV 指标计算简便,显示出了技术方案现金流量的时间分配,但得不出投资过程收益程度大小,且受外部参数(i_c)的影响;FIRR 指标较为麻烦,但能反映投资过程的收益程度,而 FIRR 的大小不受外部参数影响,完全取决于投资过程现金流量。

2.7 基准收益率的确定

2.7.1 基准收益率的概念

基准收益率也称基准折现率,是企业或行业投资者以动态的观点所确定的、可接受的技术方案最低标准的收益水平。其在本质上体现了投资决策者对技术方案资金时间价值的判断和对技术方案风险程度的估计,是投资资金应当获得的最低盈利率水平,它是评价和判断技术方案在财务上是否可行和技术方案比选的主要依据。因此基准收益率确定得合理与否,对技术方案经济效果的评价结论有直接的影响,定得过高或过低都会导致投资决策的失误。所以基准收益率是一个重要的经济参数,而且根据不同角度编制的现金流量表,计算所需的基准收益率应有所不同。

2.7.2 基准收益率的测定

(1) 在政府投资项目以及按政府要求进行财务评价的建设项目中采用的行业财务基准收益率,应根据政府的政策导向进行确定。

(2) 在企业各类技术方案的经济效果评价中参考选用的行业财务基准收益率,应在分析一定时期内国家和行业发展战略、发展规划、产业政策、资源供给、市场需求、资金时间价值以及技术方案目标等情况的基础上,结合行业特点、行业资本构成情况等因素综合测定。

(3) 在中国境外投资的技术方案财务基准收益率的测定,应首先考虑国家风险因素。

(4) 投资者自行测定技术方案的最低可接受财务收益率,除了应考虑上述第(2)条中所涉及的因素外,还应根据自身的发展战略和经营策略、技术方案的特点与风险、资金成本以及机会成本等因素综合测定。

① 资金成本是为取得资金使用权所支付的费用,主要包括筹资费和资金的使用费。筹资费是指在筹集资金过程中发生的各种费用,如委托金融机构代理发行股票、债券而支付的注册费和代理费,向银行贷款而支付的手续费等。资金的使用费是指因使用资金而向资金提供者支付的报酬。技术方案实施后所获利润额必须能够补偿资金成本,然后才能有利可图,因此基准收益率最低限度不应小于资金成本。

② 投资的机会成本是指投资者将有限的资金用于拟实施技术方案而放弃的其他投资机会所能获得的最大收益。换言之,由于资金有限,当把资金投入拟实施技术方案时,将失去从其他最大的投资机会中获得收益的机会。机会成本的表现形式也是多种多样的。货币形式表现的机会成本,如销售收入、利润等;由于利率大小决定货币的价格,采用不同的利率(贴现率)也表示货币的机会成本。我们应当看到机会成本是在技术方案外部形成的,它不可能反映在该技术方案财务上,必须通过工程经济分析人员的分析比较,才能确定技术方案的机会成本。机会成本虽不是实际支出,但在工程经济分析时,应作为一个因素加以认真考虑,有助于选择最优方案。

显然,基准收益率应不低于单位资金成本和单位投资的机会成本,这样才能使资金得到最有效的利用。这一要求可用式(2.10)表达:

$$i_c \geqslant i_1 = \max\{\text{单位资金成本},\text{单位投资机会成本}\} \tag{2.10}$$

如技术方案完全由企业自有资金投资时,可参考行业平均收益水平,可以理解为一种资金的机会成本;假如技术方案投资资金源于自有资金和贷款时,最低收益率不应低于行业平均收益水平(或新筹集权益投资的资金成本)与贷款利率的加权平均值。如果有好几种贷款,贷款利率应为加权平均贷款利率。

③ 投资风险。在整个技术方案计算期内,存在着发生不利于技术方案的环境变化的可能性,这种变化难以预料,即投资者要冒着一定的风险作决策。为此,投资者自然就要求

获得较高的利润,否则他是不愿去冒风险的。所以在确定基准收益率时,仅考虑资金成本、机会成本因素是不够的,还应考虑风险因素,通常以一个适当的风险贴补率 i_2 来提高 i_c 值。也就是说,以一个较高的收益水平补偿投资者所承担的风险,风险越大,贴补率越高。为了限制对风险大、盈利低的技术方案进行投资,可以采取提高基准收益率的办法来进行技术方案经济效果评价。

一般来说,从客观上看,资金密集型的技术方案,其风险高于劳动密集型的;资产专用性强的风险高于资产通用性强的;以降低生产成本为目的的风险低于以扩大产量、扩大市场份额为目的的。从主观上看,资金雄厚的投资主体的风险低于资金拮据者。

资金密集型的技术方案是指生产经营活动中资金耗费比例相对较大的技术。资金密集型技术方案即资金占用多、容纳劳动力较少的技术。具有劳动生产率高、消耗低、竞争力强等优点。

资产专用性是指用于特定用途后被锁定很难再用作其他用途的资产,若改作他用则价值会降低,甚至可能变成毫无价值的资产。对于专用性资产而言,其专用性程度可以表现为该资产的流动性和可转换能力,流动性和可转换能力强的资产专用性差,通用性强;流动性和可转换能力差的资产专用性强,通用性差。对于具有高度专用性的资产,如果改变其特定用途,那么价值损失非常大。比如,计划建造一座展览馆,在建造过程中由于市场变化改做酒店,就需要投入高额的改造费用;而对于高度流动性的资产,如果改变其原来用途,价值损失基本上可以忽略。比如,货币的流动性最强,因此可以用于任何投资项目。

在资产评估业务中,经常涉及的有房地产评估、机器设备评估、无形资产评估和企业价值评估等项目,一般都会遇到专用性资产的问题。这就要求评估机构和工作人员应当与委托方就资产评估业务的具体目的和用途达成明确、清晰的共识,并充分了解有关评估对象法律、物理现状和具体的经济用途。尤其是对于专用性资产,看它们为产权主体创造价值的条件是什么以及在资产业务发生后,这些条件是否还能延续。如果不能延续,则应考虑采用不同的价值类型。

④ 通货膨胀。所谓通货膨胀,是指由于货币(这里指纸币)的发行量超过商品流通所需要的货币量而引起的货币贬值和物价上涨的现象。在通货膨胀影响下,各种材料、设备、房屋、土地的价格以及人工费都会上升。为反映和评价出拟实施技术方案在未来的真实经济效果,在确定基准收益率时,应考虑这种影响,结合投入产出价格的选用决定对通货膨胀因素的处理。

通货膨胀以通货膨胀率来表示,通货膨胀率主要表现为物价指数的变化,即通货膨胀率约等于物价指数变化率。由于通货膨胀年年存在,因此,通货膨胀的影响具有复利性质。一般每年的通货膨胀率是不同的,但为了便于研究,常取一段时间的平均通货膨胀率,即在所研究的时期内,通货膨胀率可以视为固定的。

综合以上分析,投资者自行测定的基准收益率可确定如下。

若技术方案现金流量是按当年价格预测估算的,则应以年通货膨胀率 i_3 修正 i_c 值,即

$$i_c = (1 + i_1)(1 + i_2)(1 + i_3) - 1 \approx i_1 + i_2 + i_3 \tag{2.11}$$

若技术方案的现金流量是按基年不变价格预测估算的,预测结果已排除通货膨胀因素的影响,就不再重复考虑通货膨胀的影响去修正 i_c 值,即

$$i_c = (1+i_1)(1+i_2) - 1 \approx i_1 + i_2 \tag{2.12}$$

上述近似处理的条件是 i_1、i_2、i_3 都为小数。

总之,合理确定基准收益率对投资决策极为重要。确定基准收益率的基础是资金成本和机会成本,而投资风险和通货膨胀则是必须考虑的影响因素。

2.8 偿债能力分析

举债经营已经成为现代企业经营的一个显著特点,企业偿债能力的大小,已成为判断和评价企业经营活动能力的一个标准。举债是筹措资金的重要途径,不仅企业自身要关心偿债能力的大小,债权人更为关心。

2.8.1 偿债能力分析的层次

技术方案的偿债能力分析有可能出现方案和企业两个层次,同时需要考察企业财务状况才能满足金融机构信贷决策的要求。

1. 技术方案层次的偿债能力分析

首先可以进行技术方案层次的偿债能力分析,编制项目的借款还本付息计划表,计算技术方案层次的偿债能力指标。

计算得到的技术方案偿债能力指标可以表示技术方案自身的各项收益偿付债务的能力,显示技术方案对企业整体财务状况的影响。计算得到的技术方案层次偿债能力指标可以给企业法人两种提示:一是靠本技术方案自身收益可以偿还债务,不会给企业法人增加债务负担;二是本技术方案的自身收益不能偿还债务,需要企业法人另筹资金偿还债务。

同样,计算得到的拟建技术方案偿债能力指标也可供银行等金融机构参考,一是技术方案自身有偿债能力;二是技术方案自身偿债能力不足,需要企业另外筹资偿还。

2. 企业层次的偿债能力分析

债务清偿能力分析,重点是分析判断财务主体——企业的偿债能力。由于金融机构贷款是贷给企业法人而不是贷给技术方案的,金融机构进行信贷决策时,一般应根据企业的整体资产负债结构和偿债能力决定信贷取舍。有时虽然技术方案自身无偿债能力,但是整个企业偿债能力强,金融机构也可能给予贷款;有时虽然技术方案有偿债能力,但企业整体信誉差、负债高、偿债能力弱,金融机构也可能不予贷款。因此,债务清偿能力评价,一定要分析债务资金的融资主体的清偿能力,而不是"技术方案"的清偿能力。对于企业融资方案,应以技术方案所依托的整个企业作为债务清偿能力的分析主体。

3. 企业财务状况考察

为了考察企业的整体经济实力,分析融资主体的清偿能力,需要评价整个企业的财务状况和各种借款的综合偿债能力。为了满足债权人的要求,需要编制企业在拟实施技术方案建设期和投产后若干年的财务计划现金流量表、资产负债表、企业借款偿还计划表等报表,分析企业偿债能力。

2.8.2 偿债资金来源

根据国家现行财税制度的规定,偿还贷款的资金来源主要包括可用于归还借款的利润、固定资产折旧、无形资产及其他资产摊销费以及其他还款资金来源。

固定资产是指企业为生产产品、提供劳务、出租或者经营管理而持有的、使用时间超过12个月的,价值达到一定标准的非货币性资产,包括房屋、建筑物、机器、机械、运输工具以及其他与生产经营活动有关的设备、器具、工具等。

无形资产是指特定主体所拥有或者控制的,不具有实物形态,能持续发挥作用且能带来经济利益的资源。我国作为评估对象的无形资产通常包括专利权、专有技术、商标权、著作权、销售网络、客户关系、供应关系、人力资源、商业特许权、合同权益、土地使用权、矿业权、水域使用权、森林权益、商誉、特许经营权、域名等。

其他资产是指不能被包括在流动资产、长期投资、固定资产、无形资产等项目以内的资产。

1. 利润

用于归还贷款的利润,一般应是提取了盈余公积金、公益金后的未分配利润。如果是股份制企业,需要向股东支付股利,那么应从未分配利润中扣除分配给投资者的利润,然后用来归还贷款。技术方案投产初期,如果用规定的资金来源归还贷款的缺口较大,也可暂不提取盈余公积金、公益金,但这段时间不宜过长,否则将影响到企业的扩张能力。

盈余公积金是指企业从税后利润中提取形成的、存留于企业内部、具有特定用途的收益积累。公益金是从税后利润中提取的,用于职工福利等公益设施的资金,它是企业留存收益的一部分。未分配利润是企业留待以后年度分配或待分配的利润。

2. 固定资产折旧

鉴于技术方案投产初期尚未面临固定资产更新的问题,作为固定资产重置准备金性质的折旧基金,在被提取以后暂时处于闲置状态。因此,为了有效地利用一切可能的资金来源以缩短还贷期限,加强企业的偿债能力,可以使用部分新增折旧基金作为偿还贷款的来源之一。一般地,投产初期可以利用的折旧基金占全部折旧基金的比例较大,随着生产时期的延伸,可利用的折旧基金比例逐步减小。最终,所有被用于归还贷款的折旧基金,应由未分配利润归还贷款后的余额垫回,以保证折旧基金从总体上不被挪作他用,在还清贷款后恢复其原有的经济属性。

3. 无形资产及其他资产摊销费

摊销费是按现行的财务制度计入企业的总成本费用,但是企业在提取摊销费后,这笔资金没有具体的用途规定,具有"沉淀"性质,因此可以用来归还贷款。

4. 其他还款资金

其他还款资金是指按有关规定可以用减免的营业税金来作为偿还贷款的资金来源。进行预测时,如果没有明确的依据,可以暂不考虑。

技术方案在建设期借入的全部建设投资贷款本金及其在建设期的借款利息(即资本化利息)构成建设投资贷款总额,在技术方案投产后可由上述资金来源偿还。

在生产期内,建设投资和流动资金的贷款利息,按现行的财务制度,均应计入技术方案总成本费用中的财务费用。

2.8.3　还款方式及还款顺序

技术方案贷款的还款方式应根据贷款资金的不同来源所要求的还款条件来确定。

1. 国外(含境外)借款的还款方式

按照国际惯例,债权人一般对贷款本息的偿还期限均有明确的规定,要求借款方在规定的期限内按规定的数量还清全部贷款的本金和利息。因此,需要按协议的要求计算出在规定的期限内每年需归还的本息总额。

2. 国内借款的还款方式

目前虽然借贷双方在有关的借贷合同中规定了还款期限,但在实际操作过程中,主要还是根据技术方案的还款资金来源情况进行测算。一般情况下,按照先贷先还、后贷后还、利息高的先还、利息低的后还的顺序归还国内借款。

2.8.4　偿债能力指标

偿债能力指标主要有借款偿还期、利息备付率、偿债备付率、资产负债率、流动比率和速动比率。

速动比率是指企业速动资产与流动负债的比率,速动资产是企业的流动资产减去存货和预付费用后的余额,主要包括现金、短期投资、应收票据、应收账款等项目。

流动比率是流动资产对流动负债的比率,用来衡量企业流动资产在短期债务到期以前,可以变为现金用于偿还负债的能力。一般说来,比率越高,说明企业资产的变现能力越强,短期偿债能力亦越强;反之则弱。一般认为流动比率应在2:1以上,流动比率2:1,表示流动资产是流动负债的两倍,即使流动资产有一半在短期内不能变现,也能保证全部的流动负债得到偿还。

1. 借款偿还期

1) 概念

借款偿还期是指根据国家财税规定及技术方案的具体财务条件,可以作为偿还贷款的收益(利润、折旧、摊销费及其他收益)来偿还技术方案投资借款本金和利息所需要的时间。它是反映技术方案借款偿债能力的重要指标。借款偿还期的计算式如下:

$$I_d = \sum_{t=0}^{P_d} (B + D + R_o - B_r)_t \tag{2.13}$$

式中,P_d——借款偿还期(从借款开始年计算,当从投产年算起时,应予注明);

I_d——投资借款本金和利息(不包括已用自有资金支付的部分)之和;

B——第 t 年可用于还款的利润;

D——第 t 年可用于还款的折旧和摊销费；

R_o——第 t 年可用于还款的其他收益；

B_r——第 t 年企业留利。

2）计算

在实际工作中，借款偿还期可通过借款还本付息计算表推算，以年表示。其具体推算公式如下：

$$P_d = (借款偿还开始出现盈余年份 - 1) + \frac{盈余当年应偿还借款额}{盈余当年可用于还款的余额} \quad (2.14)$$

3）判别准则

当借款偿还期满足贷款机构的要求期限时，即认为技术方案是有借款偿债能力的。

借款偿还期指标适用于那些不预先给定借款偿还期限，且按最大偿还能力计算还本付息的技术方案；它不适用于那些预先给定借款偿还期的技术方案。对于预先给定借款偿还期的技术方案，应采用利息备付率和偿债备付率指标分析企业的偿债能力。

在实际工作中，由于技术方案经济效果评价中的偿债能力分析注重的是法人的偿债能力而不是技术方案，因此在《建设项目经济评价方法与参数（第三版）》中将借款偿还期指标取消，只计算利息备付率和偿债备付率。

2. 利息备付率

1）概念

利息备付率（ICR）也称已获利息倍数，是指在技术方案借款偿还期内各年企业可用于支付利息的息税前利润（EBIT）与当期应付利息（PI）的比值。其表达式为

$$ICR = \frac{EBIT}{PI} \quad (2.15)$$

式中，EBIT——息税前利润，即利润总额与计入总成本费用的利息费用之和；

PI——计入总成本费用的应付利息。

2）判别准则

利息备付率应分年计算，它从付息资金来源的充裕性角度反映企业偿付债务利息的能力，表示企业使用息税前利润偿付利息的保证倍率。利息备付率高，说明利息支付的保证度大，偿债风险小。正常情况下利息备付率应当大于1，并结合债权人的要求确定。否则，表示企业的付息能力保障程度不足。尤其是当利息备付率低于1时，表示企业没有足够资金支付利息，偿债风险很大。参考国际经验和国内行业的具体情况，根据我国企业历史数据统计分析，一般情况下，利息备付率不宜低于2，而且需要将该利息备付率指标与其他同类企业进行比较，来分析决定本企业的指标水平。

3. 偿债备付率

1）概念

偿债备付率（DSCR）是从偿债资金来源的充裕性角度反映偿付债务本息的能力，是指在技术方案借款偿还期内，各年可用于还本付息的资金（EBITDA $- T_{AX}$）与当期应还本付息金额（PD）的比值。其表达式为（变量和指标之间影响及变化关系）

$$DSCR = \frac{EBITDA - T_{AX}}{PD} \qquad (2.16)$$

式中,EBITDA——企业息税前利润加折旧和摊销;

T_{AX}——企业所得税;

PD——应还本付息的金额,包括当期应还贷款本金额及计入总成本费用的全部利息。融资租赁费用可视同借款偿还,运营期内的短期借款本息也应纳入计算。

如果企业在运行期内有维持运营的投资,可用于还本付息的资金应扣除维持运营的投资。

2) 判别准则

偿债备付率应分年计算,它表示企业可用于还本付息的资金偿还借款本息的保证倍率。正常情况偿债备付率应当大于1,并结合债权人的要求确定。当指标小于1时,表示企业当年资金来源不足以偿付当期债务,需要通过短期借款偿付已到期债务。参考国际经验和国内行业的具体情况,根据我国企业历史数据统计分析,一般情况下,偿债备付率不宜低于1.3。

需要注意的是:利息备付率和偿债备付率都是反映技术方案在借款偿还期内企业偿债能力的指标,但有时借款偿还期难以确定,此时可以先大致估算出借款偿还期,再采用适宜的方法计算出每年企业需要还本付息的金额,进而计算利息备付率和偿债备付率指标。此时的借款偿还期只是为估算利息备付率和偿债备付率指标所用,切不可将它与利息备付率和偿债备付率指标并列使用。

习　　题

一、单项选择题

1. 下列经济效果评价指标中,属于偿债能力分析指标的是(　　)。【2020 年】

  A. 盈亏平衡点   B. 速动比率

  C. 总投资收益率   D. 财务净现值

2. 对于完全由投资者自有资金投资的项目,确定基准收益率的基础是(　　)。【2013 年】

  A. 资金成本   B. 通货膨胀

  C. 投资机会成本   D. 投资风险

3. 关于基准收益率测定的说法,正确的是(　　)。【2020 年】

  A. 基准收益率最低限度不应小于资金成本

  B. 政府投资项目基准收益率的测定可以不考虑投资的机会成本

  C. 当资金供应充足时,基准收益率的测定可不考虑投资风险因素

  D. 基准收益率的测定不应考虑通货膨胀因素

4. 已知某项目的净现金流量如表 2.4 所示,若 $i_c = 8\%$,则该项目的财务净现值为(　　)万元。【2009 年】

表 2.4　某项目的净现金流量 1

计算期/年	1	2	3	4	5	6
净现金流量/万元	−4200	−2700	1500	2500	2500	2500

　　A. 109.62　　　　　B. 108.00　　　　　C. 101.50　　　　　D. 93.98

　　5. 某技术方案的现金流量如表 2.5 所示,基准收益率为 8%,该技术方案的财务净现值为(　　)万元。【2019 年】

表 2.5　某技术方案的现金流量 1

计算期/年	0	1	2	3	4
现金流入/万元	—	300	400	400	300
现金流出/万元	500	100	150	150	150

　　A. 58.23　　　　　B. 208.23　　　　　C. 192.81　　　　　D. 347.12

　　6. 某项目的财务净现值前 5 年为 210 万元,第 6 年净现金流量为 30 万元,$i_c = 10\%$,则前 6 年的财务净现值为(　　)万元。【2010 年】

　　A. 227　　　　　B. 237　　　　　C. 240　　　　　D. 261

　　7. 某技术方案的净现金流量如表 2.6 所示。若基准收益率大于或等于 0,则方案的净现值(　　)。【2017 年】

表 2.6　某技术方案的净现金流量 1

计算期/年	0	1	2	3	4	5
净现金流量/万元	—	−300	−200	200	600	600

　　A. 等于 900 万元　　　　　　　　　　B. 大于 900 万元,小于 1400 万元

　　C. 小于 900 万元　　　　　　　　　　D. 等于 1400 万元

　　8. 某企业拟新建一项目,有两个备选方案均可行。甲方案投资 5000 万元,计算期为 15 年,财务净现值为 200 万元;乙方案投资 8000 万元,计算期为 20 年,财务净现值为 300 万元。则关于两方案比选的说法,正确的是(　　)。【2014 年】

　　A. 甲、乙方案必须构造一个相同的分析期限才能比选

　　B. 甲方案投资少于乙方案,净现值大于零,故甲方案较优

　　C. 乙方案净现值大于甲方案,且都大于零,故乙方案较优

　　D. 甲方案计算期短,说明甲方案的投资回收速度快于乙方案

　　9. 某技术方案的现金流量如表 2.7 所示,若基准收益率为 10%,则该方案的财务净现值是(　　)万元。【2020 年】

表 2.7　某技术方案的现金流量 2

计算期/年	1	2	3	4	5
现金流入/万元	—	—	1500	2000	2000
现金流出/万元	500	1000	600	1000	1000

A. 699.12   B. 769.03   C. 956.22   D. 1400.00

10. 某常规技术方案,FNPV(16%)=160 万元,FNPV(18%)=−80 万元,则方案的 FIRR 最可能为( )。【2012 年】

A. 15.98%   B. 16.21%   C. 17.33%   D. 18.21%

11. 某技术方案在不同收益率 i 下的净现值为: $i=7\%$ 时,FNPV=1200 万元; $i=8\%$ 时,FNPV=800 万元; $i=9\%$ 时,FNPV=430 万元。则该方案的内部收益率的范围为( )。【2011 年】

A. 小于 7%   B. 大于 9%   C. 7%~8%   D. 8%~9%

12. 对某建设技术方案进行现金流量分析,当折现率为 10% 时,财务净现值为 900 万元;当折现率为 12% 时,财务净现值为 16 万元。则该方案财务内部收益率可能的范围是( )。【2019 年】

A. 小于 10%   B. 大于 10%,小于 11%

C. 大于 11%,小于 12%   D. 大于 12%

13. 某项目财务净现值 FNPV 与收益率 i 之间的关系如图 2.4 所示,若基准收益率为 6.6%,该项目的内部收益率和财务净现值分别是( )。【2007 年】

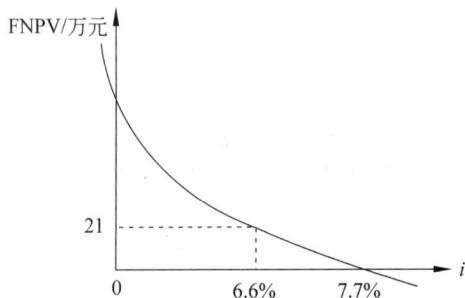

图 2.4 FNPV 与 i 之间的关系

A. 3.0%,21 万元   B. 3.0%,69 万元

C. 7.7%,21 万元   D. 7.7%,69 万元

14. 对于特定的投资方案,若基准收益率增大,则投资方案评价指标的变化规律是( )。【2010 年】

A. 财务净现值与内部收益率均减小

B. 财务净现值与内部收益率均增大

C. 财务净现值减小,内部收益率不变

D. 财务净现值增大,内部收益率减小

15. 下列关于财务内部收益率的说法正确的是( )。【2015 年】

A. 财务内部收益率与财务净现值成反比

B. 若财务内部收益率小于或等于基准收益率,则技术方案在经济上可以接受

C. 对某一技术方案,可能不存在财务内部收益率

D. 财务内部收益率受众多外部参数的影响

16. 某项目的净现金流量如表 2.8 所示,若基准收益率大于零,则其静态投资回收期的

可能值是(　　)年。【2013年】

表2.8　某项目的净现金流量2

计算期/年	0	1	2	3	4	5	6
净现金流量/万元	−200	60	60	60	60	60	60

A. 2.33　　　　　B. 2.63　　　　　C. 3.33　　　　　D. 3.63

17.某技术方案的净现金流量如表2.9所示,则该方案的静态投资回收期为(　　)年。【2012年】

表2.9　某技术方案的净现金流量2

计算期/年	0	1	2	3	4	5	6
净现金流量/万元	—	−1500	400	400	400	400	400

A. 3.25　　　　　B. 3.75　　　　　C. 4.25　　　　　D. 4.75

18.某技术方案的现金流量如表2.10所示,设基准收益率(折现率)为8%,则静态投资回收期为(　　)年。【2019年】

表2.10　某技术方案的现金流量3

计算期/年	0	1	2	3	4	5	6	7
现金流入/万元	—	—	—	800	1200	1200	1200	1200
现金流出/万元	—	600	900	500	700	700	700	700

A. 2.25　　　　　B. 3.58　　　　　C. 5.40　　　　　D. 6.60

19.某投资方案建设期为1年,第1年年初投资8000万元,第2年年初开始盈利,运营期为4年,运营期每年年末净收益为3000万元,净残值为零。若基准率为10%,则该投资方案的财务净现值和静态投资回收期分别为(　　)。【2015年】

A. 1510万元和3.67年　　　　　　　　B. 1510万元和2.67年

C. 645万元和2.67年　　　　　　　　D. 645万元和3.67年

20.某技术方案的静态投资回收期为5.5年,行业基准值为6年,关于该方案经济效果评价的说法,正确的是(　　)。【2020年】

A. 该方案静态投资回收期短于行业基准值,表明资本周转的速度慢

B. 从静态投资回收期可以判断该方案前5年各年均不盈利

C. 静态投资回收期短于行业基准值,不代表该方案内部收益率大于行业基准收益率

D. 静态投资回收期短,表明该方案净现值一定大于零

21.某技术方案的总投资为1500万元,其中债务资金为700万元,技术方案在正常年份年利润总额为400万元,所得税为100万元,年折旧费为80万元,则该方案的资本金净利润率为(　　)。【2012年】

A. 26.7%　　　　　B. 37.5%　　　　　C. 42.9%　　　　　D. 47.5%

22. 某项目建设投资 3000 万元,全部流动资金为 450 万元。项目投产期年息税前利润总额为 500 万元,运营期正常年份的年平均息税前利润总额为 800 万元,则该项目的总投资收益率为( )。【2014 年】

      A. 18.84%   B. 26.67%   C. 23.19%   D. 25.52%

23. 某技术方案的总投资为 1500 万元,其中资本金为 1000 万元,运营期年平均利息为 18 万元,年平均所得税为 40.5 万元。若项目总投资收益率为 12%,则项目资本金净利润率为( )。【2015 年】

      A. 16.20%   B. 13.95%   C. 12.15%   D. 12.00%

24. 关于技术方案总投资收益率的说法,正确的是( )。【2019 年】

      A. 总投资收益率高于同期银行贷款利率时,举债不利于提高技术方案收益

      B. 总投资收益率指标充分体现了资金的时间价值

      C. 总投资收益率越高,说明技术方案获得的收益越多

      D. 总投资收益率指标作为主要的决策依据比较客观,不受人为因素影响

25. 某技术方案建设投资 1000 万元,流动资金为 100 万元,全部为自有资金(资本金)。运营期正常年份的年利润总额为 140 万元,年所得税为 35 万元,则该方案的资本金净利润率是( )。【2021 年】

      A. 10.50%   B. 12.73%   C. 14.00%   D. 9.55%

26. 某技术方案的现金流量如表 2.11 所示,若基准收益率为 8%,则该方案财务净现值为( )万元。【2021 年】

表 2.11   某技术方案的现金流量 4

计算期/年	0	1	2	3	4
现金流入	—	1000	6000	3000	6000
现金流出	3700	4000	2000	3000	2000

      A. −1300.00   B. −100.40   C. −108.30   D. 126.91

27. 下列经济效果评价指标中,属于动态指标的是( )。【2021 年】

      A. 财务净现值   B. 流动比率   C. 资金净利润率   D. 投资率

28. 某技术方案的净现金流量和财务净现值如表 2.12 所示,根据表中数据,关于该方案评价的说法,正确的是( )。【2021 年】

表 2.12   某技术方案的净现金流量和财务净现值

计算期/年	1	2	3	4	5	6	7
净现金流量/万元	−420	−470	200	250	250	250	250
财务净现值(折现率为 8%)/万元				24.276			

      A. 累计净现金流量小于零

      B. 财务内部收益率可能小于 8%

      C. 静态投资回收期大于 6 年

D. 项目在经济上可行

29. 关于财务内部收益率的说法,正确的是(　　)。【2021年】
    A. 其大小易受基准收益率等外部参数的影响
    B. 任一技术方案的财务内部收益率均存在唯一解
    C. 可直接用于互斥方案之间的比选
    D. 考虑了技术方案在整个计算期内的经济状况

30. 关于偿债备付率的说法,正确的是(　　)。【2022年】
    A. 偿债备付率大于1,说明偿付债务本息的能力不足
    B. 偿债备付率从付息资金来源的角度反映企业偿付债务利息的能力
    C. 偿债备付率是还本付息的资金与当期应还本金额的比值
    D. 偿债备付率应在借款偿还期内分年计算

31. 关于财务基准收益率的说法,正确的是(　　)。【2022年】
    A. 境外投资项目基准收益率的测定,可忽略国家风险因素
    B. 财务基准收益率必须由政府投资主管部门统一确定
    C. 财务基准收益率的确定应考虑资金成本、投资机会成本、通货膨胀和风险因素
    D. 财务基准收益率是投资项目可能获得的最高盈利水平

32. 关于技术方案经济效果评价的说法,正确的是(　　)。【2022年】
    A. 经济效果评价应定性分析和定量分析相结合,以定性分析为主
    B. 经济效果动态分析不能全面地反映技术方案整个计算期的经济效果
    C. 融资前经济效果分析通常以静态分析为主,动态分析为辅
    D. 方案实施前经济效果分析通常存在一定的不确定性和风险性

33. 关于投资者自行测定技术方案财务基准收益率的说法,正确的是(　　)。【2022年补考】
    A. 财务基准收益率的确定与技术方案的特点无关
    B. 财务基准收益率的确定应考虑投资的机会成本
    C. 财务基准收益率的确定不应考虑通货膨胀的影响
    D. 投资风险较高的技术方案可适当降低财务基准收益率

34. 某技术方案的现金流量如表2.13所示。设基准收益率为8%,通过计算财务净现值,可得到的结论是(　　)。【2022年补考】

表2.13　某技术方案的现金流量5

计算期/年	0	1	2	3	4
现金流入/万元	—	100	600	300	600
现金流出/万元	370	400	200	300	200

A. 财务净现值为 -37.26 万元,方案不可行

B. 财务净现值为 -10.83 万元,方案不可行

C. 财务净现值为 13.64 万元,方案可行

D. 财务净现值为 18.57 万元,方案可行

二、多项选择题

1. 技术方案经济效果评价中的计算期包括技术方案的( )。【2016 年】

    A. 投资建设期   B. 投产期

    C. 投资前策划期   D. 后评价期

    E. 达产期

2. 建设项目财务评价时,可以采用静态评价指标进行评价的情形有( )。【2009 年】

    A. 评价精度要求较高   B. 项目年收益大致相等

    C. 项目寿命期较短   D. 项目现金流量变动大

    E. 可以不考虑资金的时间价值

3. 下列工程经济效果评价指标中,属于盈利能力分析动态指标的是( )。【2014 年】

    A. 总投资收益率   B. 财务净现值

    C. 资本金净利润率   D. 财务内部收益率

    E. 速动比率

4. 根据企业财税制度,企业可用于偿还建设投资借款的资金来源有( )。【2019 年】

    A. 未分配利润   B. 应付职工薪酬

    C. 按政策减免的税金   D. 固定资产折旧

    E. 无形资产摊销

5. 关于基准收益率的说法,正确的有( )。【2016 年】

    A. 测定基准收益率不需要考虑通货膨胀因素

    B. 基准收益率是投资资金应获得的最低盈利水平

    C. 测定基准收益率应考虑资金成本因素

    D. 基准收益率取值高低应体现对项目风险程度的估计

    E. 债务资金比例高的项目应降低基准收益率

6. 某常规技术方案当折现率为 10% 时,财务净现值为 −360 万元;当折现率为 8% 时,财务净现值为 30 万元。则关于该方案经济效果评价的说法,正确的有( )。【2018 年】

    A. 内部收益率为 8%~9%

    B. 当行业基准收益率为 8% 时,方案可行

    C. 当行业基准收益率为 9% 时,方案不可行

    D. 当折现率为 9% 时,财务净现值一定大于 0

    E. 当行业基准收益率为 10% 时,内部收益率小于行业基准收益率

7. 企业可以用于偿还贷款的资金来源有( )。【2021 年】

    A. 固定资产折旧费   B. 应支付给股东的股利

    C. 无形资产摊销费   D. 其他资产摊销费

    E. 企业的注册资本

8. 对于经营性项目,通过财务报表分析,计算财务指标,进行经济效果评价的内容有( )。【2022 年】

    A. 盈利能力分析   B. 经济敏感分析

C. 偿债能力分析   D. 财务生存能力分析

E. 经济费用效益分析

三、简答题

1. 简述经济效果评价的内容。

2. 简述经济效果评价中的定量分析和定性分析。

3. 什么是投资收益率?

4. 简述技术方案的投资收益率判别准则。

5. 什么是技术方案静态投资回收期?

6. 简述静态投资回收期的优劣。

7. 简述财务净现值指标的优劣。

8. 对常规技术方案,财务内部收益率的实质是什么?

9. 什么是基准收益率?

10. 偿还贷款的资金来源主要包括哪些?

第3章 技术方案不确定性分析

不确定性分析是技术方案经济效果评价中的一个重要内容。因为决策的主要依据之一是技术方案经济效果评价,而技术方案经济效果评价都是以一些确定的数据为基础,如技术方案总投资、建设期、年销售收入、年经营成本、年利率和设备残值等指标值,认为它们都是已知的、确定的,即使是对某个指标值所做的估计或预测,也认为是可靠、有效的。但事实上,对技术方案经济效果的评价通常都是对技术方案未来经济效果的计算,一个拟实施技术方案的所有未来结果都是未知的。因为计算中所使用的数据大多是建立在分析人员对未来各种情况所做的预测与判断基础之上的,因此,无论用什么方法预测或估计,都会包含许多不确定性因素,可以说不确定性是所有技术方案固有的内在特性。只是对不同的技术方案,这种不确定性的程度有大有小。为了尽量避免决策失误,我们需要了解各种内外部条件发生变化时对技术方案经济效果的影响程度,需要了解技术方案对各种内外部条件变化的承受能力。

3.1 不确定性分析

不确定性不同于风险。风险是指不利事件发生的可能性,其中不利事件发生的概率是可以计量的;而不确定性是指人们在事先只知道所采取行动的所有可能后果,而不知道它们出现的可能性,或者两者均不知道,只能对两者做些粗略的估计,因此不确定性是难以计量的。

不确定性分析是指研究和分析当影响技术方案经济效果的各项主要因素发生变化时,拟实施技术方案的经济效果会发生什么样的变化,以便为正确决策服务的一项工作。不确定性分析是技术方案经济效果评价中的一项重要工作,在拟实施技术方案未作出最终决策之前,均应进行技术方案不确定性分析。

3.1.1 不确定性因素产生的原因

产生不确定性因素的原因很多,一般情况下,产生不确定性的主要原因有以下几点。

(1)所依据的基本数据不足或者统计偏差。这是指由于原始统计上的误差、统计样本点的不足以及公式或模型的套用不合理等所造成的误差。比如,技术方案建设投资和流动资金是技术方案经济效果评价中重要的基础数据,但在实际中,往往会由于各种原因而高估或低估了它的数额,从而影响了技术方案经济效果评价的结果。

(2)由于预测方法的局限,预测的假设不准确。

(3)未来经济形势的变化。由于有通货膨胀的存在,会产生物价的波动,从而会影响技术方案经济效果评价中所用的价格,进而导致诸如年营业收入、年经营成本等数据与实际发生偏差;同样,由于市场供求结构的变化,会影响到产品的市场供求状况,进而对某些指标值产生影响。

(4)技术进步。技术进步会引起产品和工艺的更新替代,这样根据原有技术条件和生产水平所估计出的年营业收入、年经营成本等指标就会与实际值发生偏差。

(5)无法以定量来表示的定性因素的影响。

(6)其他外部影响因素,如政府政策的变化,新的法律、法规的颁布,国际政治经济形势的变化等,均会对技术方案的经济效果产生一定的甚至是难以预料的影响。

在评价中,我们想全面分析这些因素的变化对技术方案经济效果的影响是十分困难的,因此在实际工作中,我们往往要着重分析和把握那些对技术方案影响大的关键因素,以期取得较好的效果。

3.1.2 不确定性分析的内容

由于上述种种原因,技术方案经济效果计算和评价所使用的计算参数,诸如投资、产量、价格、成本、利率、汇率、收益、建设期限、经济寿命等,总是不可避免地带有一定程度的不确定性。不确定性的直接后果是使技术方案经济效果的实际值与评价值相偏离,从而给决策者带来风险。假定某技术方案的基准收益率 i_c 定为 8%,根据技术方案基础数据求出的技术方案财务内部收益率为 10%,由于内部收益率大于基准收益率,因此根据方案评价准则自然认为技术方案是可行的;但如果凭此就做出决策则是不够的,因为我们还没有考虑到不确定性问题,如果在技术方案实施的过程中存在投资超支、建设工期拖长、生产能力达不到设计要求、原材料价格上涨、劳务费用增加、产品售价波动、市场需求量变化、贷款利率变动等,都可能使技术方案达不到预期的经济效果,导致财务内部收益率下降,甚至发生亏损。当内部收益率下降多于 2%,技术方案就会变成不可行,则技术方案就会有风险,如果不对这些进行分析,仅凭一些基础数据所做的确定性分析为依据来取舍技术方案,就可能会导致决策的失误。因此,为了有效地减少不确定性因素对技术方案经济效果的影响,提高技术方案的风险防范能力,进而提高技术方案决策的科学性和可靠性,除对技术方案进行确定性分析以外,还很有必要对技术方案进行不确定性分析。为此,应根据拟实施技术方案的具体情况,分析各种内外部条件发生变化或者测算数据误差对技术方案经济效果的影响程度,以估计技术方案可能承担不确定性的风险及其承受能力,确定技术方案在经济上的可靠性,并采取相应的对策力争把风险降低到最小限度。这种对影响方案经济效果的不确定性因素进行的分析称为不确定性分析。

3.1.3 不确定性分析的方法

常用的不确定性分析方法有盈亏平衡分析和敏感性分析。

1. 盈亏平衡分析

盈亏平衡分析也称量本利分析,就是将技术方案投产后的产销量作为不确定因素,通过计算技术方案的盈亏平衡点的产销量,据此分析判断不确定性因素对技术方案经济效果的影响程度,说明技术方案实施的风险大小及技术方案承担风险的能力,为决策提供科学依据。根据生产成本及销售收入与产销量之间是否呈线性关系,盈亏平衡分析又可进一步分为线性盈亏平衡分析和非线性盈亏平衡分析。通常只要求线性盈亏平衡分析。

2. 敏感性分析

敏感性分析则是分析各种不确定性因素发生增减变化时,对技术方案经济效果评价指标的影响,并计算敏感度系数和临界点,找出敏感因素。

在具体应用时,要综合考虑技术方案的类型、特点、决策者的要求,相应的人力、财力,以及技术方案对经济的影响程度等来选择具体的分析方法。

3.2 盈亏平衡分析

3.2.1 总成本与固定成本、可变成本

根据成本费用与产量(或工程量)的关系可以将技术方案总成本费用分解为固定成本、可变成本和半可变(或半固定)成本。

1. 固定成本

固定成本是指在技术方案一定的产量范围内不受产品产量影响的成本,即不随产品产量的增减发生变化的各项成本费用,如工资及福利费(计件工资除外)、折旧费、修理费、无形资产及其他资产摊销费以及其他费用等。

2. 可变成本

可变成本是随技术方案产品产量的增减而成正比例变化的各项成本,如原材料、燃料、动力费、包装费和计件工资等。

3. 半可变(或半固定)成本

半可变(或半固定)成本是指介于固定成本和可变成本之间,随技术方案产量增长而增长,但不成正比例变化的成本,如与生产批量有关的某些消耗性材料费用、工模具费及运输费等,这部分可变成本随产量变动一般是呈阶梯形曲线。由于半可变(或半固定)成本通常在总成本中所占比例很小,在技术方案经济效果分析中,为便于计算和分析,可以根据行业特点情况将产品半可变(或半固定)成本进一步分解成固定成本和可变成本。长期借款利息应视为固定成本;流动资金借款和短期借款利息可能部分与产品产量相关,其可视为半可变(或半固定)成本,为简化计算,一般也将其作为固定成本。

综上所述,技术方案总成本是固定成本与可变成本之和,它与产品产量的关系也可以近似地认为是线性关系,即

$$C = C_F + C_u Q \tag{3.1}$$

式中,C——总成本;

C_F——固定成本;

C_u——单位产品变动成本;

Q——产量(或工程量)。

3.2.2　销售收入与税金及附加

1. 销售收入

技术方案的销售收入与产品销量的关系有两种情况。

（1）该技术方案的生产销售活动不会明显地影响市场供求状况,假定其他市场条件不变,产品价格不会随该技术方案销量的变化而变化,可以看作一个常数,销售收入与销量呈线性关系。

（2）该技术方案的生产销售活动将明显地影响市场供求状况,随着该技术方案产品销量的增加,产品价格有所下降,这时销售收入与销量之间不再是线性关系。

为简化计算,本小节仅考虑销售收入与销量呈线性关系这种情况。

2. 税金及附加

由于单位产品的税金及附加是随产品的销售单价变化而变化的,当按不含税价格(即收入和成本均为不含增值税销项税额和进项税额的价格)时,为便于分析,将销售收入与税金及附加合并考虑。

经简化后,技术方案的销售收入是销量的线性函数,即

$$S = p \times Q - T_u \times Q \tag{3.2}$$

式中,S——销售收入;

　　p——单位产品售价;

　　T_u——单位产品税金及附加;

　　Q——销量。

3.2.3　量本利模型

1. 量本利模型的概念

企业的经营活动,通常以生产数量为起点,而以利润为目标。在一定期间把成本总额分解简化成固定成本和变动成本两部分后,再同时考虑收入和利润,使成本、产销量和利润的关系统一于一个数学模型。这个数学模型的表达形式为

$$B = S - C \tag{3.3}$$

式中,B——利润。

为简化数学模型,对线性盈亏平衡分析做了以下假设。

（1）生产量等于销售量,即当年生产的产品(或提供的服务,下同)当年销售出去。

（2）产销量变化,单位可变成本不变时,总生产成本是产销量的线性函数。

（3）产销量变化,销售单价不变时,销售收入是产销量的线性函数。

（4）只生产单一产品,或者生产多种产品,但可以换算为单一产品计算,不同产品的生产负荷率的变化应保持一致。

根据上述假设,将式(3.1)、式(3.2)代入式(3.3),可得

$$B = p \times Q - C_u \times Q - T_u \times Q \tag{3.4}$$

式中,Q——产销量(即生产量等于销售量)。

式(3.4)明确表达了量本利之间的数量关系,是基本的损益方程式。它含有相互联系的 6 个变量,给定其中 5 个,便可求出另一个变量的值。

2. 基本的量本利图

将式(3.4)的关系反映在直角坐标系中,即成为基本的量本利图,如图 3.1 所示。

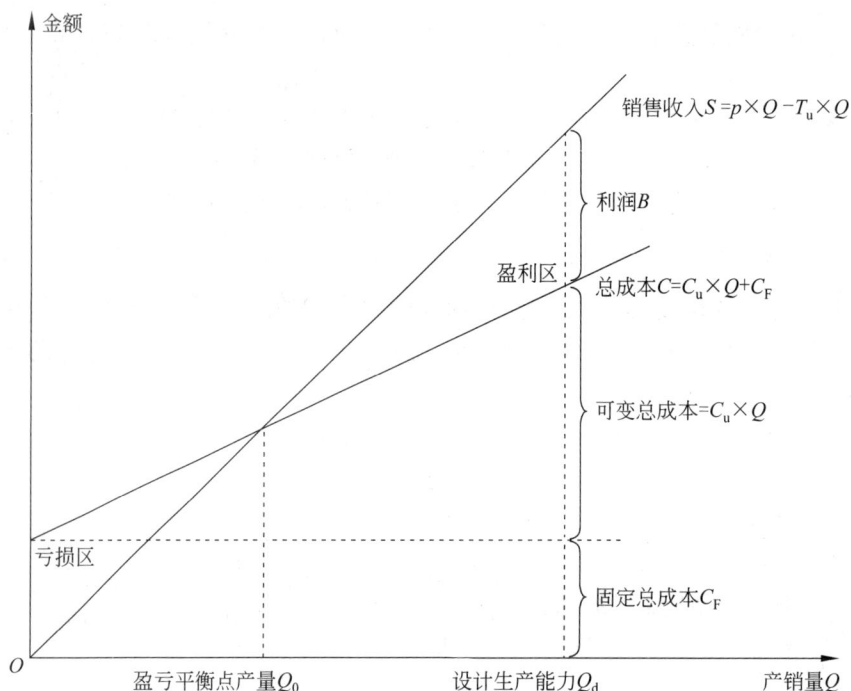

图 3.1 基本的量本利图

图 3.1 中的横坐标为产销量,纵坐标为金额(成本和销售收入)。假定在一定时期内,产品价格不变时,销售收入 S 随产销量的增加而增加,呈线性函数关系,在图形上就是以零为起点的斜线。产品总成本 C 是固定总成本和变动总成本之和,当单位产品的变动成本不变时,总成本也呈线性变化。

从图 3.1 可知,销售收入线与总成本线的交点是盈亏平衡点(BEP),也叫保本点。表明技术方案在此产销量下总收入与总成本相等,既没有利润,也不发生亏损。在此基础上,增加产销量,销售收入超过总成本,收入线与成本线之间的距离为利润值,形成盈利区;反之,形成亏损区。这种用图示表达量本利的相互关系,不仅形象直观、一目了然,而且容易理解。

盈亏平衡分析是通过计算技术方案达产年盈亏平衡点,分析技术方案成本与收入的平衡关系,判断技术方案对不确定性因素导致产销量变化的适应能力和抗风险能力。技术方案盈亏平衡点的表达形式有多种。可以用绝对值表示,如以实物产销量、单位产品售价、单位产品的可变成本、年固定总成本以及年销售收入等表示的盈亏平衡点;也可以用相对值表示,如以生产能力利用率表示的盈亏平衡点。其中以产销量和生产能力利用率表示的盈亏平衡点应用得最为广泛。盈亏平衡点一般采用公式计算,也可利用盈亏平衡图求得。

3.2.4　产销量(工程量)盈亏平衡分析的方法

从图 3.1 可见,当企业在小于 Q_0 的产销量下组织生产,则技术方案亏损;在大于 Q_0 的产销量下组织生产,则技术方案盈利。显然产销量 Q_0 是盈亏平衡点的一个重要表达。就单一产品技术方案来说,盈亏临界点的计算并不困难,一般是从销售收入等于总成本费用即盈亏平衡方程式中导出。由式(3.4)中利润 $B=0$,即可导出以产销量表示的盈亏平衡点 BEP(Q),其计算式如下:

$$\text{BEP}(Q) = \frac{C_F}{p - C_u - T_u} \tag{3.5}$$

式中,BEP(Q)——盈亏平衡点时的产销量;

　　C_F——固定成本;

　　p——单位产品销售价格;

　　C_u——单位产品变动成本;

　　T_u——单位产品税金及附加。

对技术方案运用盈亏平衡点分析时应注意:盈亏平衡点要按技术方案投产达到设计生产能力后正常年份的产销量、变动成本、固定成本、产品价格、税金及附加等数据来计算,而不能按计算期内的平均值计算。

【例 3.1】　某技术方案年设计生产能力为 10 万台,年固定成本为 1200 万元,在销售价格和成本费用均采用不含税价格时,产品单台销售价格为 900 元,单台产品可变成本为 560 元,单台产品税金及附加为 120 元。试求盈亏平衡点的产销量。

解:根据式(3.5)可得

$$\text{BEP}(Q) = \frac{12000000}{900 - 560 - 120} \approx 54545(台)$$

计算结果表明,当技术方案产销量低于 54545 台时,技术方案亏损;当技术方案产销量大于 54545 台时,技术方案盈利。

3.2.5　生产能力利用率盈亏平衡分析的方法

生产能力利用率 BEP(%)表示的盈亏平衡点,是指盈亏平衡点产销量占技术方案正常产销量的比重。所谓正常产销量,是指正常市场和正常开工情况下技术方案的产销数量。在技术方案评价中,一般用设计生产能力表示正常产销量。

$$\text{BEP}(\%) = \frac{\text{BEP}(Q)}{Q_d} \times 100\% \tag{3.6}$$

式中,Q_d——正常产销量或技术方案设计生产能力。

进行技术方案评价时,生产能力利用率表示的盈亏平衡点常常根据正常年份的产品产销量、变动成本、固定成本、产品价格和税金及附加等数据来计算。即

$$\text{BEP}(\%) = \frac{C_F}{S_n - C_V - T} \times 100\% \tag{3.7}$$

式中,BEP(%)——盈亏平衡点时的生产能力利用率;

　　S_n——年营业收入;

C_v——年可变成本;

T——年税金及附加。

通过式(3.6)可得

$$\mathrm{BEP}(Q) = \mathrm{BEP}(\%) \times Q_\mathrm{d} \tag{3.8}$$

可见式(3.5)与式(3.7)是可以相互换算的,即产销量(工程量)表示的盈亏平衡点等于生产能力利用率表示的盈亏平衡点乘以设计生产能力。

【例 3.2】 数据同例 3.1,试计算生产能力利用率表示的盈亏平衡点。

解:根据式(3.7)可得

$$\mathrm{BEP}(\%) = \frac{1200}{(900 - 560 - 120) \times 10} \times 100\% \approx 54.55\%$$

计算结果表明,当技术方案生产能力利用率低于 54.55%时,技术方案亏损;当技术方案生产能力利用率大于 54.55%时,则技术方案盈利。

【例 3.3】 某公司生产某种结构件,设计年产销量为 3 万件。在销售价格和成本费用均采用不含税价格时,每件的售价为 300 元,单位产品的可变成本为 120 元,单位产品税金及附加为 40 元,年固定成本为 280 万元。

问题:

(1) 该公司不亏不盈时的最低年产销量是多少?

(2) 达到设计能力时盈利是多少?

(3) 年利润为 100 万元时的年产销量是多少?

解:(1) 计算该公司不亏不盈时的最低年产销量。

根据式(3.5)可得

$$\mathrm{BEP}(Q) = \frac{2800000}{300 - 120 - 40} = 20000(\text{件})$$

计算结果表明,当公司生产结构件产销量低于 20000 件时,公司亏损;当公司产销量大于 20000 件时,则公司盈利。

(2) 计算达到设计能力时的盈利。

根据式(3.4)可得该公司的利润:

$$\begin{aligned}
B &= p \times Q - C_\mathrm{u} \times Q - C_\mathrm{F} - T_\mathrm{u} \times Q \\
&= 300 \times 3 - 120 \times 3 - 280 - 40 \times 3 \\
&= 140(\text{万元})
\end{aligned}$$

(3) 计算年利润为 100 万元时的年产销量。

同样,根据式(3.4)可得

$$\begin{aligned}
Q &= \frac{B + C_\mathrm{F}}{p - C_\mathrm{u} - T_\mathrm{u}} \\
&= \frac{1000000 + 2800000}{300 - 120 - 40} \approx 27143(\text{件})
\end{aligned}$$

3.2.6 结果分析

1. 盈亏平衡点计算注意事项

对技术方案运用盈亏平衡点分析时应注意以下事项。

（1）盈亏平衡点要按技术方案投产达到设计生产能力后正常年份的产销量、变动成本、固定成本、产品价格、营业中税金及附加等数据来计算，而不能按计算期内的平均值计算。正常年份一般选择还款期间的第一个达产年和还款后的年份分别计算，以便分别给出最高和最低的盈亏平衡点区间范围。

（2）以上公式中的收入和成本均为不含增值税销项税和进项税的价格（简称不含税价格）。如采用含税价格，BEP(Q)公式的分母中应再减去单位产品增值税；BEP（%）公式的分母中应再减去年增值税。

2. 结果判别

盈亏平衡点反映了技术方案对市场变化的适应能力和抗风险能力。从图 3.1 中可以看到，盈亏平衡点越低，达到此点的盈亏平衡产销量就越少，技术方案投产后盈利的可能性越大，适应市场变化的能力越强，抗风险能力也越强。一般用生产能力利用率的计算结果表示技术方案运营的安全程度。根据经验，若 BEP（%）≤70%，则技术方案的运营是安全的，或者说技术方案可以承受较大的风险。

盈亏平衡分析虽然能够从市场适应性方面说明技术方案风险的大小，但并不能揭示技术方案风险的根源。因此，还需要采用其他方法来帮助达到这个目标。

3.3 敏感性分析

在技术方案经济效果评价中，各类因素的变化对经济指标的影响程度是不相同的。有些因素可能仅发生较小幅度的变化就能引起经济效果评价指标发生大的变动；而另一些因素即使发生了较大幅度的变化，对经济效果评价指标的影响也不是太大。我们将前一类因素称为敏感性因素，后一类因素称为非敏感性因素。决策者有必要把握敏感性因素，分析方案的风险大小。

3.3.1 敏感性分析的内容

技术方案评价中的敏感性分析，就是在技术方案确定性分析的基础上，通过进一步分析、预测技术方案主要不确定因素的变化对技术方案经济效果评价指标（如财务内部收益率、财务净现值等）的影响，从中找出敏感因素，确定评价指标对该因素的敏感程度和技术方案对其变化的承受能力。敏感性分析有单因素敏感性分析和多因素敏感性分析两种。

单因素敏感性分析是对单一不确定因素变化对技术方案经济效果的影响进行分析，即假设各个不确定性因素之间相互独立，每次只考察一个因素变动，其他因素保持不变，以分析这个可变因素对经济效果评价指标的影响程度。为了找出关键的敏感性因素，通常只进行单因素敏感性分析。

多因素敏感性分析是假设两个或两个以上互相独立的不确定因素同时变化时，分析这些变化的因素对经济效果评价指标的影响程度。

3.3.2　单因素敏感性分析的步骤

单因素敏感性分析一般按以下步骤进行。

1. 确定分析指标

技术方案评价的各种经济效果指标,如财务净现值、财务内部收益率、静态投资回收期等,都可以作为敏感性分析的指标。

分析指标的确定与进行分析的目标和任务有关,一般是根据技术方案的特点、实际需求情况和指标的重要程度来选择。

如果主要分析技术方案状态和参数变化对技术方案投资回收快慢的影响,则可选用静态投资回收期作为分析指标;如果主要分析产品价格波动对技术方案超额净收益的影响,则可选用财务净现值作为分析指标;如果主要分析投资大小对技术方案资金回收能力的影响,则可选用财务内部收益率作为分析指标等。

由于敏感性分析是在确定性经济效果分析的基础上进行的,一般来说,敏感性分析的指标应与确定性经济效果评价指标一致,不应超出确定性经济效果评价指标范围而另立新的分析指标。当确定性经济效果评价指标比较多时,敏感性分析可以围绕其中一个或若干个最重要的指标进行。

2. 选择需要分析的不确定性因素

影响技术方案经济效果评价指标的不确定性因素很多,但事实上没有必要对所有的不确定因素都进行敏感性分析,而只需选择一些主要的影响因素。在选择需要分析的不确定性因素时主要考虑以下两条原则。

- 预计这些因素在其可能变动的范围内对经济效果评价指标的影响较大。
- 对在确定性经济效果分析中采用该因素的数据的准确性把握不大。

选定不确定性因素时应当把这两条原则结合起来进行。对于一般技术方案来说,通常从以下几方面选择敏感性分析中的影响因素。

(1) 从收益方面来看,主要包括产销量、销售价格与汇率。许多产品的生产和销售受国内外市场供求关系变化的影响较大,市场供求难以预测,价格波动也较大,而这种变化不是技术方案本身所能控制的,因此产销量、销售价格与汇率是主要的不确定性因素。

(2) 从费用方面来看,包括成本(特别是与人工费、原材料、燃料、动力费及技术水平有关的变动成本)、建设投资、流动资金占用、折现率、汇率等。

(3) 从时间方面来看,包括技术方案建设期、生产期,生产期又可考虑投产期和正常生产期。

此外,选择的因素要与选定的分析指标相联系。否则,当不确定性因素变化一定幅度时,并不能反映评价指标的相应变化,达不到敏感性分析的目的。比如,折现率因素对静态评价指标不起作用。

3. 分析每个不确定性因素的波动程度及其对分析指标可能带来的增减变化情况

首先,对所选定的不确定性因素,应根据实际情况设定这些因素的变动幅度,其他因素固定不变。因素的变动可以按照一定的变化幅度(如±5%、±10%、±15%、±20%等；对于建设工期可采用延长或压缩一段时间表示)改变它的数值。

其次,计算不确定性因素每次变动对技术方案经济效果评价指标的影响。

对每一因素的每一变动,均重复以上计算,然后,把因素变动及相应指标变动结果用敏感性分析表(见表3.1)和敏感性分析图(见图3.1)的形式表示出来,以便于测定敏感因素。

4. 确定敏感性因素

敏感性分析的目的在于寻求敏感因素,这可以通过计算敏感度系数和临界点来判断。

1) 敏感度系数(S_{AF})

敏感度系数表示技术方案经济效果评价指标对不确定因素的敏感程度。计算公式为

$$S_{AF} = \frac{\Delta A/A}{\Delta F/F} \tag{3.9}$$

式中,S_{AF}——敏感度系数;

$\Delta F/F$——不确定性因素 F 的变化率(%);

$\Delta A/A$——不确定性因素 F 发生 ΔF 变化时,评价指标 A 的相应变化率(%)。

计算敏感度系数判别敏感因素的方法是一种相对测定法,即根据不同因素相对变化对技术方案经济效果评价指标影响的大小,可以得到各个因素的敏感性程度排序。

当 $S_{AF} > 0$,表示评价指标与不确定因素同方向变化;当 $S_{AF} < 0$,表示评价指标与不确定因素反方向变化。

$|S_{AF}|$ 越大,表明评价指标 A 对于不确定因素 F 越敏感;反之,则越不敏感。据此可以找出哪些因素是最关键的因素。

敏感系数提供了各不确定因素变动率与评价指标变动率之间的比例,但不能直接显示变化后评价指标的值。为了弥补这种不足,有时需要编制敏感性分析表,列示各因素变动率及相应的评价指标值,如表3.1所示。

表 3.1　单因素变化对×××评价指标的影响　　　　　　单位：万元

项　目	变 化 幅 度						
	−20%	−10%	0	10%	20%	平均+1%	平均−1%
投资额							
产品价格							
经营成本							
……							

敏感性分析表的缺点是不能连续表示变量之间的关系,为此人们又设计了敏感分析图,如图3.2所示。图3.2中横轴代表各不确定因素变化幅度,纵轴代表评价指标(以财务净现值为例)。根据原来的评价指标值和不确定因素变动后的评价指标值,画出直线。这条直线反映不确定因素不同变化水平时所对应的评价指标值。每一条直线的斜率反映技术方案经济效果评价指标对该不确定因素的敏感程度,斜率越大,敏感度越高。一张图可

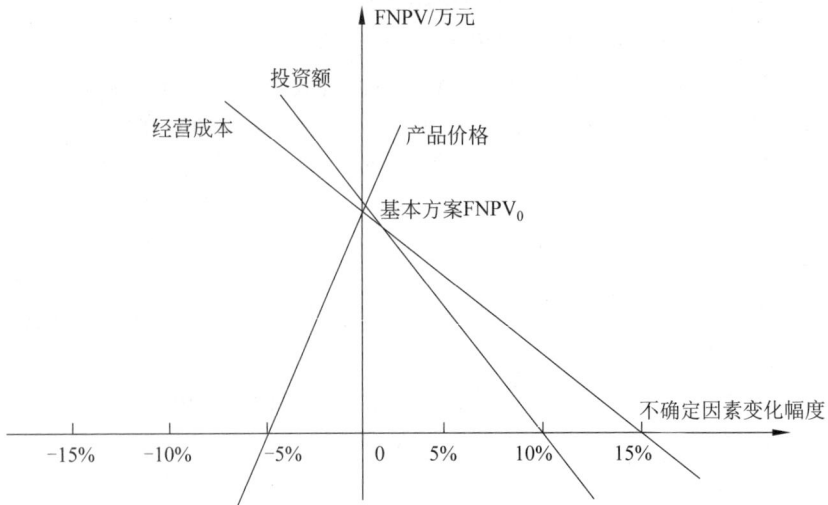

图 3.2 单因素敏感分析图

以同时反映多个因素的敏感性分析结果。

【例 3.4】 某投资方案设计年生产能力为 10 万台,计划项目投产时总投资为 1200 万元,其中建设投资为 1150 万元,流动资金为 50 万元;预计产品价格为 39 元/台;销售税金及附加为销售收入的 10%;年经营成本为 140 万元;方案寿命期为 10 年;到期时预计固定资产余值为 30 万元,基准折现率为 10%,试就投资额、产品价格、经营成本这三个影响因素对该投资方案进行敏感性分析。

解:(1)绘制的现金流量图如图 3.3 所示。

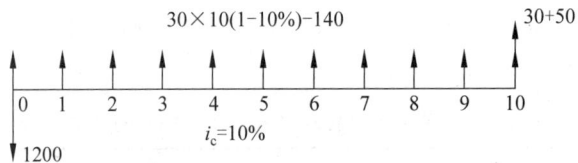

图 3.3 例 3.4 的现金流量图

(2)选择净现值为敏感性分析的对象,根据净现值的计算公式,可计算出项目在初始条件下的净现值。

$$\begin{aligned}
\mathrm{FNPV_0} &= -1200 + [39 \times 10 \times (100\% - 10\%) - 140] \times (P/A, 10\%, 10) \\
&\quad + 80 \times (P/F, 10\%, 10) \\
&= 127.35(万元)
\end{aligned}$$

由于 $\mathrm{FNPV_0} > 0$,该项目是可行的。

(3)对项目进行敏感性分析,确定投资额、产品价格和经营成本三个因素,然后令其逐一在初始值的基础上按 ±10%、±20% 的变化幅度变动。分别计算相对应的净现值的变化情况,得出结果如表 3.2 及图 3.4 所示。

表 3.2　单因素敏感性分析表　　　　　　　　　　　　　　单位：万元

项　目	变　化　幅　度						
	−20%	−10%	0	+10%	+20%	平均+1%	平均−1%
投资额	367.475	247.475	127.35	7.475	−112.525	−9.414%	+9.414%
产品价格	−303.904	−88.215	127.35	343.165	558.854	+16.92%	−16.92%
经营成本	299.535	213.505	127.35	41.445	−44.585	−6.749%	+6.749%

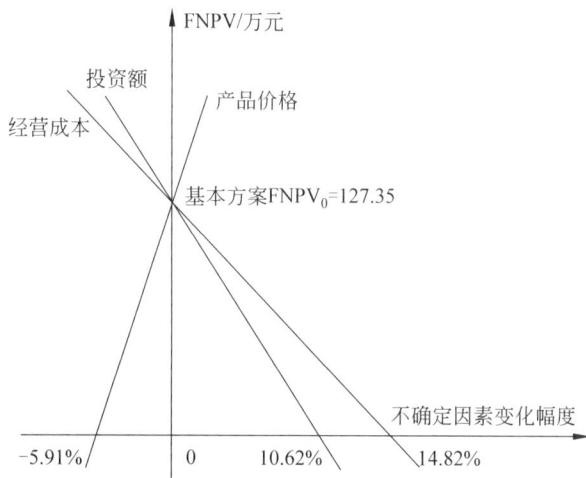

图 3.4　例 3.4 的单因素敏感分析图

由表 3.2 和图 3.4 可以看出，在各个变量因素变化率相同的情况下，产品价格每下降 1%，净现值下降 16.92%，且产品价格下降幅度超过 5.91% 时，净现值将由正变负，即项目由可行变为不可行；投资额每增加 1%，净现值将下降 9.414%，当投资额增加的幅度超过 10.62% 时，净现值由正变负，项目变为不可行；经营成本每上升 1%，净现值下降 6.749%，当经营成本上升幅度超过 14.82% 时，净现值由正变负，项目变为不可行。由此可见，按净现值对各个因素的敏感程度来排序，依次是产品价格、投资额、经营成本，最敏感的因素是产品价格。因此，从方案决策的角度来讲，应该对产品价格进行进一步更准确的测算。因为从项目风险的角度来讲，如果未来产品价格发生变化的可能性较大，则意味着这一投资项目的风险性也较大。

综上所述，敏感性分析是工程项目经济评价时经常用到的一种方法，在一定程度上定量描述了不确定因素的变动对项目投资效果的影响，有助于搞清项目对不确定因素的不利变动所能容许的风险程度，有助于鉴别敏感因素，从而能够及早排除那些无足轻重的变动因素，将进一步深入调查研究的重点集中在那些敏感因素上，或者针对敏感因素制定出管理和应变对策，以达到尽量减少风险、增加决策可靠性的目的。但敏感性分析也有其局限性，它不能说明不确定因素发生变动的情况的可能性大小，也就是没有考虑不确定因素在未来发生变动的概率，而这种概率是与项目的风险大小密切相关的。

2）临界点

临界点是指技术方案允许不确定因素向不利方向变化的极限值（见图 3.5）。如超过极限，技术方案的经济效果指标将不可行。例如，当产品价格下降到某一值时，财务内部收益率将刚好等于基准收益率，此点称为产品价格下降的临界点。临界点可用临界点百分比或者临界值分别表示某一变量的变化达到一定的百分比或者一定数值时，技术方案的经济效果指标将从可行转变为不可行。临界点可用专用软件的财务函数计算，也可由敏感性分析图直接求得近似值。采用图解法时，每条直线与判断基准线的相交点所对应的横坐标上不确定因素变化率即为该因素的临界点。但需注意的是，临界点的高低与设定的指标判断标准有关。如财务内部收益率的判断标准为基准收益率，则不确定性因素变化的临界点是财务内部收益率等于基准收益率。对于同一个技术方案，随着设定基准收益率的提高，临界点会变低（即临界点表示的不确定因素的极限变化变小）。

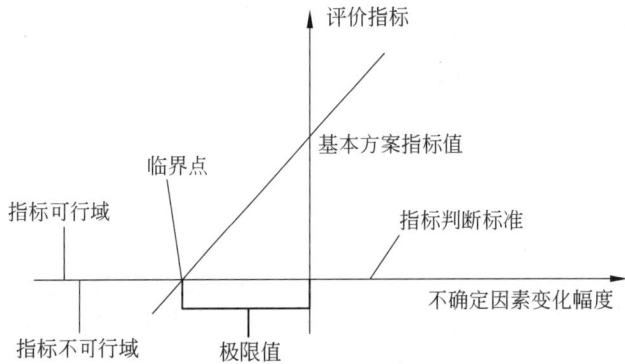

图 3.5　单因素敏感分析临界点示意图

利用临界点判别敏感因素的方法是一种绝对测定法，技术方案能否接受的判据是各经济效果评价指标能否达到临界值。如果某因素可能出现的变动幅度超过最大允许变动幅度，则表明该因素是技术方案的敏感因素。把临界点与未来实际可能发生的变化幅度相比较，就可大致分析该技术方案的风险情况。

在实践中常常把敏感度系数和临界点两种方法结合起来确定敏感因素。

5. 选择方案

如果进行敏感性分析的目的是对不同的技术方案进行选择，一般应选择敏感程度小、承受风险能力强、可靠性大的技术方案。

需要说明的是：单因素敏感性分析虽然对于技术方案分析中不确定因素的处理是一种简便易行、具有实用价值的方法。但它以假定其他因素不变为前提，这种假定条件在实际经济活动中是很难实现的，因为各种因素的变动都存在着相关性，一个因素的变动往往引起其他因素也随之变动。比如产品价格的变化可能引起需求量的变化，从而引起市场销售量的变化。所以，在分析技术方案经济效果受多种因素同时变化的影响时，要用多因素敏感性分析，使其更接近于实际过程。多因素敏感性分析由于要考虑可能发生的各种因素不同变动情况的多种组合，因此计算起来要比单因素敏感性分析复杂得多。

综上所述，敏感性分析在一定程度上对不确定因素的变动对技术方案经济效果的影响做了定量的描述,有助于搞清技术方案对不确定因素的不利变动所能容许的风险程度,有助于鉴别何者是敏感因素,从而能够及早排除对那些无足轻重的变动因素的注意力,把进一步深入调查研究的重点集中在那些敏感因素上,或者针对敏感因素制定出管理和应变对策,以达到尽量减少风险、增加决策可靠性的目的。但敏感性分析也有其局限性,它主要依靠分析人员凭借主观经验来分析判断,难免存在片面性。在技术方案的计算期内,各不确定性因素相应发生变动幅度的概率不会相同,这意味着技术方案承受风险的大小不同。而敏感性分析在分析某一因素的变动时,并不能说明不确定因素发生变动的可能性是大还是小。对于此类问题,还要借助于概率分析等方法。

习　　题

一、单项选择题

1. 某生产性建设项目的设计生产能力为 6 万件,年固定成本为 5600 万元,每件产品的销售价格为 3600 元,每件产品的可变成本为 1600 元,每件产品的销售税金及附加之和为 180 元,则该生产型建设项目的盈亏平衡产销量为(　　)万件。【2013 年】

　　A. 1.56　　　　　　B. 1.64　　　　　　C. 3.08　　　　　　D. 3.20

2. 某化工建设项目设计年生产能力为 5 万吨,预计年固定成本为 800 万元,产品销售价格为 1500 元/吨,产品销售税金及附加为销售收入的 10%,产品变动成本为 1150 元/吨,则该项目用生产能力利用率表示的盈亏平衡点是(　　)。【2011 年】

　　A. 100%　　　　　B. 40%　　　　　　C. 80%　　　　　　D. 55%

3. 某技术方案设计年产量为 5000 件,单位产品售价为 2500 元,单位产品变动成本为 750 元,单位产品的营业税金及附加为 370 元,年固定成本为 240 万元,该项目达到设计生产能力时的年税前利润为(　　)万元。【2014 年】

　　A. 450　　　　　　B. 135　　　　　　C. 635　　　　　　D. 825

4. 某技术方案的设计年产量为 8 万件,单位产品销售价格为 100 元/件,单位产品可变成本为 20 元/件,单位产品营业税金及附加为 5 元/件,按设计生产能力生产时,年利润为 200 万元,则该技术方案的盈亏平衡点产销量为(　　)万件。【2015 年】

　　A. 5.33　　　　　　B. 5.00　　　　　　C. 4.21　　　　　　D. 4.00

5. 某技术方案年设计生产能力为 10 万台,单台产品销售价格(含税)为 2000 元,单台产品可变成本(含税)为 1000 元,单台产品税金及附加为 150 元。若盈亏平衡点年产量为 5 万台,则该方案的年固定成本为(　　)万元。【2019 年】

　　A. 5000　　　　　　B. 4250　　　　　　C. 5750　　　　　　D. 9250

6. 某技术方案年设计生产能力为 10 万台,年固定成本为 1200 万元。满负荷生产时,产品年销售收入为 9000 万元,单台产品可变成本为 560 元,以上均为不含税价格,单台产品税金及附加为 12 元,则该方案以设计生产能力利用率表示的盈亏平衡点是(　　)。【2020 年】

　　A. 13.33%　　　　B. 14.24%　　　　　C. 35.29%　　　　　D. 36.59%

7. 对某技术方案的财务净现值(FNPV)进行单因素敏感性分析,投资额、产品价格、经

营成本及汇率四个因素的敏感性分析如图 3.6 所示,则对财务净现值指标来说最敏感的因素是( )。【2018 年】

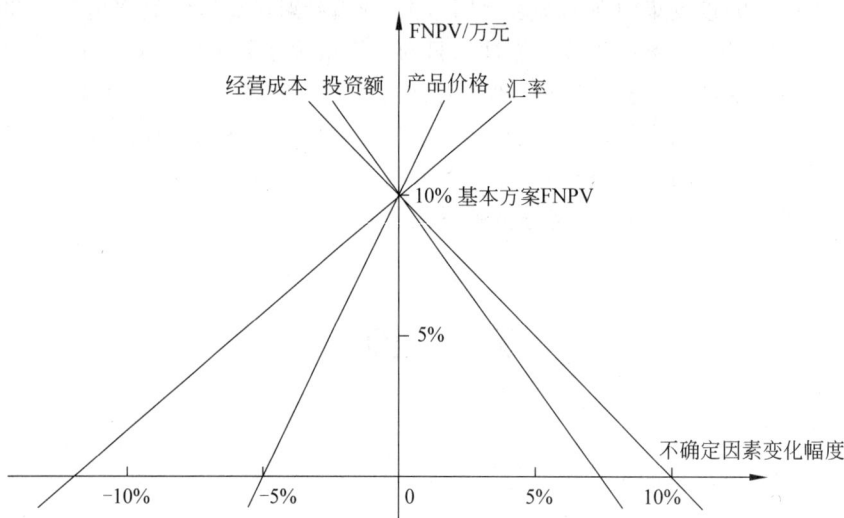

图 3.6 四个因素的敏感性分析

    A. 投资额   B. 产品价格   C. 经营成本   D. 汇率

    8. 某项目采用净现值指标进行敏感性分析,有关数据如表 3.3 所示,则各因素的敏感程度由大到小的顺序是( )。【2013 年】

表 3.3   敏感性分析有关数据   单位:万元

项 目	变 化 幅 度		
	−10%	0	10%
建设投资	623	564	505
营业收入	393	564	735
经营成本	612	564	516

    A. 建设投资、营业收入、经营成本

    B. 营业收入、经营成本、建设投资

    C. 经营成本、营业收入、建设投资

    D. 营业收入、建设投资、经营成本

    9. 关于敏感度系数的说法,正确的是( )。【2019 年】

    A. 敏感度系数可以用于对敏感因素敏感性程度的排序

    B. 敏感度系数大于零,表明评价指标与不确定因素反方向变化

    C. 利用敏感度系数判别敏感因素的方法是绝对测定法

    D. 敏感度系数的绝对值越大,表明评价指标对于不确定因素越不敏感

    10. 关于技术方案不确定因素临界点的说法,正确的是( )。【2020 年】

    A. 若基准收益率固定,某不确定因素的临界点百分比越小,说明方案对该因素就越敏感

B. 对同一个技术方案,随着基准收益率的提高,临界点也会变高

C. 不确定因素临界点的高低,不能作为判定风险的依据

D. 临界点是客观存在的,与设定的指标判断标准无关

11. 已知某投资方案财务内部收益率(FIRR)为10%,现选择4个影响因素分别进行单因素敏感性分析,计算结果如下:当产品价格上涨10%时,FIRR=11.0%;当原材料价格上涨10%时,FIRR=9.5%;当建设投资上涨10%时,FIRR=9.0%;当人民币汇率上涨10%时,FIRR=8.8%。根据上述条件判断,最敏感的因素是( )。【2021年】

    A. 建设投资   B. 原材料价格   C. 人民币汇率   D. 产品价格

12. 关于技术方案敏感性分析的说法,正确的是( )。【2022年】

    A. 不确定因素的临界点越低,该因素对技术方案的评价指标影响越小

    B. 敏感性分析可以通过计算敏感度系数和临界点确定敏感因素

    C. 敏感度系数大于零,表示评价指标与不确定因素反方向变化

    D. 敏感度系数的绝对值越大,表明评价指标对于不确定因素越不敏感

13. 某技术方案年设计生产能力为3万吨,产销量一致,销售价格和成本费用均不含增值税,单位产品售价为300元/吨,单位产品可变成本为150元/吨,单位产品税金及附加为3元/吨,年固定成本为280万元,用生产能力利用率表示的盈亏平衡点为( )。【2022年】

    A. 31.11%   B. 63.49%   C. 31.42%   D. 62.22%

14. 某投资项目年设计生产能力为15万吨,产品销售价格为400元/吨,单位产品税金及附加为8元,年固定成本为1500万元,单位产品可变成本为160元。销售收入和成本均不含增值税,则该项目盈亏平衡点的产销量为( )万吨。【2022年补考】

    A. 3.75   B. 6.47   C. 4.69   D. 6.25

15. 对投资项目进行单因素敏感性分析首先要做的工作是( )。【2022年补考】

    A. 计算临界点

    B. 估计不确定因素的变化幅度

    C. 确定分析指标

    D. 确定风险概率

二、多项选择题

1. 某技术方案经济评价指标对甲、乙、丙三个不确定因素的敏感度系数分别为-0.1、0.05、0.09,据此可以得出的结论有( )。【2015年】

    A. 经济评价指标对于甲因素最敏感

    B. 甲因素下降10%,方案达到盈亏平衡

    C. 经济评价指标与丙因素反方向变化

    D. 经济评价指标对于乙因素最不敏感

    E. 丙因素上升9%,方案由可行转为不可行

2. 某方案单因素敏感性分析示意图如图3.7所示。根据图3.7,可以得出的结论有( )。【2020年】

    A. 销售价格的临界点小于10%

    B. 原材料成本比建设投资更敏感

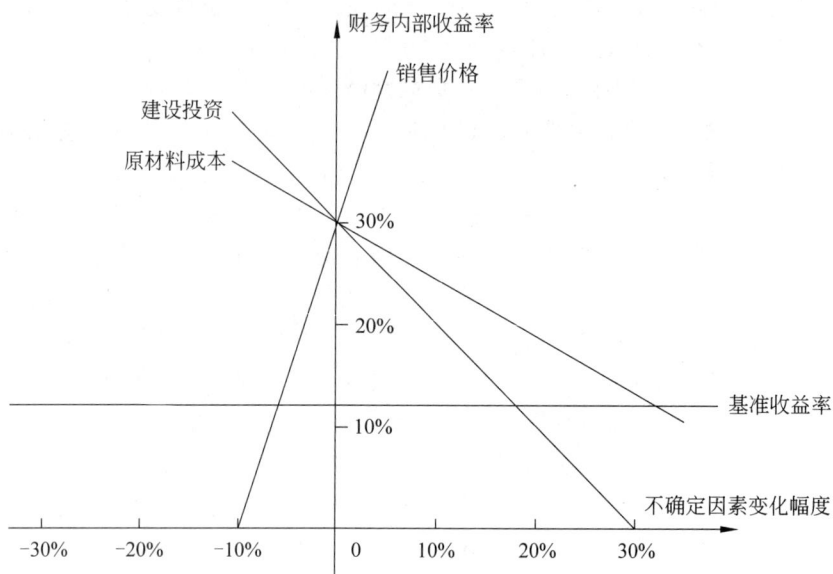

图 3.7 某方案单因素敏感性分析示意图

    C. 建设投资的临界点大于 10%

    D. 销售价格是最敏感的因素

    E. 建设投资比销售价格更敏感

3. 下列条件中,属于线性盈亏平衡分析模型假设条件的有(　　)。【2021 年】

    A. 产销量和单位可变成本保持不变

    B. 生产量等于销售量

    C. 生产多种产品的,可以换算为单一产品计算

    D. 产量超过一定规模时,固定成本线性增加

    E. 产销量和销售单价不变

4. 项目盈亏平衡分析时,下列成本费用中,属于固定成本的有(　　)。【2022 年补考】

    A. 计件工资　　　　　　　　　　　B. 产品包装费

    C. 生产设备燃料费　　　　　　　　D. 无形资产摊销费

    E. 房屋折旧费

三、简答题

1. 技术方案分析中产生不确定性的主要原因有哪些?

2. 简述盈亏平衡分析方法。

3. 简述技术方案的销售收入与产品销量的关系。

4. 什么是盈亏平衡点?

5. 什么是敏感性分析?

6. 简述单因素敏感性分析和多因素敏感性分析。

7. 简述敏感性分析的局限性。

第4章 技术方案现金流量表的编制

技术方案主要是通过经济效果评价来分析判断技术方案的经济性,而技术方案的经济效果评价又主要是通过相应现金流量表来实现的。进一步,随着经济效果评价的主体和考察的角度不同,评价分析的系统范围也不同,相应的现金流入和现金流出同样也不尽相同。

4.1 技术方案现金流量表

技术方案现金流量表由现金流入、现金流出和净现金流量构成,其具体内容随技术方案经济效果评价的角度、范围和方法的不同而不同,其中主要有投资现金流量表、资本金现金流量表、投资各方现金流量表和财务计划现金流量表。

4.1.1 投资现金流量表

投资现金流量表是以技术方案为一个独立系统进行设置的。它以技术方案建设所需的总投资作为计算基础,反映技术方案在整个计算期(包括建设期和运营期)内现金的流入、流出和净现金流量,是计算评价指标的基础。投资现金流量表构成如表 4.1 所示。但需要注意以下几点。

(1) 在增值税条例执行中,为了体现固定资产进项税抵扣导致技术方案应纳增值税额的降低进而致使净现金流量增加的作用,应在现金流入中增加销项税额,同时在现金流出中增加进项税额以及应纳增值税。

(2) 投资现金流量表中的"回收固定资产余值"应不受利息因素的影响,它区别于技术方案资本金现金流量表中的"回收固定资产余值"。

(3) 投资现金流量表中的"所得税"是根据息税前利润(计算时其原则上不受融资方案变动的影响,即不受利息多少的影响)乘以所得税率计算的,称为"调整所得税"。这区别于利润与利润分配表、资本金现金流量表和财务计划现金流量表中的所得税。

表 4.1 投资现金流量表   单位:万元

序号	项　目	合计	计算期/年					
			1	2	3	4	...	n
1	现金流入							
1.1	营业收入							
1.2	补贴收入							

序号	项　　目	合计	计算期/年					
			1	2	3	4	…	n
1.3	销项税额							
1.4	回收固定资产余值							
1.5	回收流动资金							
2	现金流出							
2.1	建设投资							
2.2	流动资金							
2.3	经营成本							
2.4	进项税额							
2.5	应纳增值税							
2.6	税金及附加							
2.7	维持运营投资							
3	所得税前净现金流量(1+2)							
4	累计税前净现金流量							
5	调整所得税							
6	所得税后净现金流量(3+4+5)							
7	累计所得税后净现金流量							

计算指标：　　　　　　　　　　　所得税前　　　　　　　所得税后
投资财务内部收益率(%)：
投资财务净现值($i_c=$　%)：
投资回收期：

　　通过投资现金流量表中净现金流量,可计算技术方案的财务内部收益率、财务净现值和静态投资回收期等经济效果评价指标,并可考察技术方案融资前的盈利能力,为对各个方案进行比较建立共同的基础。根据需要,可从所得税前和(或)所得税后两个角度进行考察,选择计算所得税前和(或)所得税后指标。

　　所得税前指标,是投资盈利能力的完整体现,可用于考察技术方案的基本面,即由技术方案设计本身所决定的财务盈利能力,它不受融资方案和所得税政策变化的影响,仅仅体现技术方案本身的合理性。因此,只有在该所得税前指标可行的基础上才值得为之去融资。

　　技术方案投资所得税后分析也是一种融资前分析,它是所得税前分析的延伸,也是在所得税前净现金流量中剔除了所得税(即调整所得税)来计算相关指标,这有助于判断在不考虑融资方案的条件下技术方案投资对企业价值的贡献。

4.1.2　资本金现金流量表

资本金现金流量表是在拟订融资方案后，从技术方案权益投资者整体（即项目法人）角度出发，以技术方案资本金作为计算的基础，把借款本金偿还和利息支付作为现金流出，用于计算资本金财务内部收益率，反映在一定融资方案下投资者权益投资的获利能力，用于比选融资方案，为投资者投资决策、融资决策提供依据。资本金现金流量表构成如表 4.2 所示。但须注意以下几点。

（1）资本金现金流量表中的"回收固定资产余值"为将建设期利息纳入固定资产原值后计取的回收固定资产余值，它区别于投资现金流量表中的"回收固定资产余值"。

（2）技术方案资本金包括用于建设投资和流动资金中的资本金（权益资金）。

（3）资本金现金流量表中的"所得税"等同于利润表等财务报表中的所得税，而区别于投资现金流量表中的"调整所得税"。

表 4.2　资本金现金流量表　　　　　　　　单位：万元

序号	项　　目	合计	计算期/年					
			1	2	3	4	…	n
1	现金流入							
1.1	营业收入							
1.2	补贴收入							
1.3	销项税额							
1.4	回收固定资产余值							
1.5	回收流动资金							
2	现金流出							
2.1	技术方案资本金							
2.2	借款本金偿还							
2.3	借款利息支付							
2.4	经营成本							
2.5	进项税额							
2.6	应纳增值税							
2.7	税金及附加							
2.8	所得税							
2.9	维持运营投资							
3	净现金流量(1+2)							

计算指标：
资本金财务内部收益率(%)：

注：技术方案资本金包括用于建设投资、建设期利息和流动资金的资金。

技术方案资本金现金流量分析是融资后分析,该净现金流量包括技术方案在缴税和还本付息之后所剩余的收益(含投资者应分得的利润),这既是技术方案的净收益,也是投资者的权益性收益。一般可以只计算技术方案资本金财务内部收益率一个指标,其表达式和计算方法同技术方案投资财务内部收益率,只是所依据的净现金流量的内涵不同,判断的基准参数(财务基准收益率)也不同。

技术方案资本金财务基准收益率应体现技术方案发起人(代表技术方案所有权益投资者)对投资获利的最低期望值(即最低可接受收益率)。当技术方案资本金财务内部收益率大于或等于该最低可接受收益率时,说明在该融资方案下,技术方案资本金获利水平超过或达到了要求,该融资方案是可以接受的。

4.1.3　投资各方现金流量表

投资各方现金流量表是分别从技术方案各个投资者的角度出发,以投资者的出资额作为计算的基础,用以计算技术方案投资各方财务内部收益率。投资各方现金流量表构成如表4.3所示。一般情况下,技术方案投资各方按股本比例分配利润以及分担亏损及风险,因此投资各方的利益一般是均等的,没有必要计算投资各方的财务内部收益率。只有在技术方案投资者中各方有股权之外的不对等的利益分配时(契约式的合作企业常常会有这种情况),投资各方的收益率才会有差异,此时常常需要计算投资各方的财务内部收益率,以看出各方收益是否均衡,或者其非均衡性是否在一个合理的水平,有助于促成技术方案投资各方在合作谈判中达成平等互利的协议。

表 4.3　投资各方现金流量表　　　　　　　　　　单位:万元

序号	项　　目	合计	计算期/年					
			1	2	3	4	…	n
1	现金流入							
1.1	实分利润							
1.2	资产处置收益分配							
1.3	租赁费收入							
1.4	技术转让或使用收入							
1.5	销项税额							
1.6	其他现金收入							
2	现金流出							
2.1	实缴资本							
2.2	租赁资产支出							
2.3	进项税额							
2.4	应纳增值税							
2.5	其他现金流出							
3	净现金流量(1+2)							
计算指标: 投资各方财务内部收益率(%):								

注:本表可按不同投资方分别编制。

（1）投资各方现金流量表既适用于内资企业，也适用于外资企业；既适用于合资企业，也适用于合作企业。

（2）投资各方现金流量表中"现金流入"是指出资方因该技术方案的实施将实际获得的各种收入；"现金流出"是指出资方因该技术方案的实施将实际投入的各种支出。表中项目应根据技术方案具体情况进行调整。

① "实分利润"是指投资者由技术方案获取的利润。

② "资产处置收益分配"是指对有明确的合营期限或合资期限的技术方案，在期满时对资产余值按股比或约定比例进行分配。

③ "租赁费收入"是指出资方将自己的资产租赁给技术方案使用所获得的收入，此时应将资产价值作为现金流出，列为租赁资产支出科目。

④ "技术转让或使用收入"是指出资方将专利或专有技术转让或允许该技术方案使用所获得的收入。

4.1.4　财务计划现金流量表

财务计划现金流量表反映技术方案计算期各年的投资、融资及经营活动所产生的现金流入和流出，用于计算净现金流量和累计盈余资金，考察资金平衡和余缺情况，分析技术方案的财务生存能力，即分析技术方案是否能为企业创造足够的净现金流量以维持正常运营，进而考察实现财务可持续性的能力。财务计划现金流量表构成如表4.4所示。

表4.4　财务计划现金流量表　　　　　　　　　　　单位：万元

序号	项　目	合计	计算期/年					
			1	2	3	4	…	n
1	经营活动净现金流量（1.1+1.2）							
1.1	现金流入							
1.1.1	营业收入							
1.1.2	增值税销项税额							
1.1.3	补贴收入							
1.1.4	其他流入							
1.2	现金流出							
1.2.1	经营成本							
1.2.2	增值税进项税额							
1.2.3	税金及附加							
1.2.4	增值税							
1.2.5	所得税							
1.2.6	其他流出							
2	投资活动净现金流量（2.1+2.2）							

续表

序号	项　　目	合计	计算期/年					
			1	2	3	4	…	n
2.1	现金流入							
2.2	现金流出							
2.2.1	建设投资							
2.2.2	维持运营投资							
2.2.3	流动资金							
2.2.4	其他流出							
3	筹资活动净现金流量(3.1＋3.2)							
3.1	现金流入							
3.1.1	技术方案资本金投入							
3.1.2	建设投资借款							
3.1.3	流动资金借款							
3.1.4	债券							
3.1.5	短期借款							
3.1.6	其他流入							
3.2	现金流出							
3.2.1	各种利息支出							
3.2.2	偿还债务本金							
3.2.3	应付利润(股利分配)							
3.2.4	其他流出							
4	净现金流量(1＋2＋3)							
5	累计盈余资金							

　　拥有足够的经营净现金流量是技术方案财务上可持续的基本条件,特别是在技术方案运营初期。因为技术方案运营期前期的还本付息负担较重,故应特别注重技术方案运营期前期的财务生存能力分析。如果技术方案拟安排的还款期过短,致使还本付息负担过重,导致为维持资金平衡必须筹借的短期借款过多,可以设法调整还款期,甚至寻求更有利的融资方案,减轻各年还款负担。所以进行技术方案财务生存能力分析应结合偿债能力实施。

　　技术方案财务生存能力还与利润分配的合理性有关。利润分配过多、过快都有可能导致技术方案累计盈余资金出现负值。出现这种情况时,应调整技术方案利润分配方案。

4.2 技术方案现金流量表的构成要素

在工程经济分析中,经济效果评价指标起着重要的作用,而经济效果评价的主要指标实际上又是通过技术方案现金流量表计算导出的。从表4.1~表4.4可知,必须在明确考察角度和系统范围的前提下正确区分现金流入与现金流出。对于一般性技术方案经济效果评价来说,投资、经营成本、营业收入和税金等经济量本身既是经济指标,又是导出其他经济效果评价指标的依据,所以它们是构成技术方案现金流量的基本要素,也是进行工程经济分析最重要的基础数据。

4.2.1 营业收入和补贴收入

1. 营业收入

营业收入是指技术方案实施后各年销售产品或提供服务所获得的收入。即

$$营业收入 = 产品销售量(或服务量) \times 产品单价(或服务单价) \tag{4.1}$$

主副产品(或不同等级产品)的销售收入应全部计入营业收入;所提供的不同类型服务收入也应同时计入营业收入。营业收入是现金流量表中现金流入的主体,也是利润表的主要项目。营业收入是经济效果分析的重要数据,其估算的准确性极大地影响着技术方案经济效果的评价。因此,营业收入的计算既需要正确估计在各年生产能力利用率(或称生产负荷或开工率)基础之上的年产品销售量(或服务量),也需要合理确定产品(或服务)的价格。

1) 产品年销售量(或服务量)的确定

在技术方案营业收入估算中,应首先根据市场需求预测、确定技术方案产品(或服务量)的市场份额,进而合理确定企业的生产规模,再根据企业的设计生产能力和各年的运营负荷确定年生产量(服务量)。为计算简便,假定年生产量即为年销售量,不考虑库存,即当期的产出(扣除自用量后)当期全部销售,也就是当期产品产量等于当期销售量。但须注意年销售量应按投产期与达产期分别测算。

技术方案各年运营负荷一般开始投产时较低,以后各年逐步提高,提高的幅度应根据技术的成熟度、市场的开发程度、产品的寿命期、需求量的增减变化等因素,结合行业和技术方案特点,通过制订运营计划合理确定。有些技术方案的产出寿命期较短、更新快,达到一定负荷后,在适当的年份开始减少产量,甚至适时终止生产。

2) 产品(或服务)价格的选择

经济效果分析采用以市场价格体系为基础的预测价格,有要求时可考虑价格变动因素。它取决于产品的销售去向和市场需求,故应考虑国内外产品价格变化趋势来确定产品价格水平。产品销售价格一般采用出厂价格,即

$$产品出厂价格 = 目标市场价格 - 运杂费 \tag{4.2}$$

(1) 对国内市场销售的产品,可在现行市场价格的基础上换算为产品的出厂价格,也可根据预计成本、利润和税金确定价格。

（2）对于供出口的产品,应先按国际目标市场价格扣减海外运杂费并考虑其他因素影响后,确定离岸价格,然后换算为出厂价格;如果其销售价格选择离岸价格,则应同时将由技术方案所在地到口岸的运杂费计入成本。

（3）对适用增值税的技术方案,运营期经济效果评价所用的价格可以是含增值税的价格,也可以是不含增值税的价格,但需要在分析中予以说明。

总之,在选择产品(或服务)的价格时,要分析所采用的价格基点、价格体系、价格预测方法,特别应对采用价格的合理性进行说明。

3）生产多种产品和提供多项服务的营业收入计算

对生产多种产品和提供多项服务的,应分别计算各种产品及服务的营业收入。对不便于按详细的品种分类计算营业收入的,可采取折算为标准产品(或服务)的方法计算营业收入。

2. 补贴收入

某些经营性的公益事业、基础设施技术方案,如城市轨道交通项目、垃圾处理项目、污水处理项目等,政府在项目运营期给予一定数额的财政补助,以维持正常运营,使投资者能获得合理的投资收益。对这类技术方案应按有关规定估算企业可能得到与收益相关的政府补助(与资产相关的政府补助不在此处核算,与资产相关的政府补助是指企业取得的、用于购建或以其他方式形成长期资产的政府补助),包括先征后返的增值税、按销量或工作量等依据国家规定的补助定额计算并按期给予的定额补贴,以及属于财政扶持而给予的其他形式的补贴等,应按相关规定合理估算,并作为补贴收入。

补贴收入同营业收入一样,应列入技术方案投资现金流量表、资本金现金流量表和财务计划现金流量表。以上补贴收入,应根据财政、税务部门的规定,分别计入或不计入应税收入。

4.2.2 投资

投资是投资主体为了特定的目的,以达到预期收益的价值垫付行为。技术方案经济效果评价中的总投资是建设投资、建设期利息和流动资金之和。

1. 建设投资

建设投资是指技术方案按拟订建设规模(分期实施的技术方案为分期建设规模)、产品方案、建设内容进行建设所需的投入。在技术方案建成后按有关规定建设投资中的各分项将分别形成固定资产、无形资产和其他资产。形成的固定资产原值可用于计算折旧费,技术方案寿命期结束时,固定资产的残余价值(一般是指当时市场上可实现的预测价值)对于投资者来说是一项在期末可回收的现金流入。形成的无形资产和其他资产原值可用于计算摊销费。

建设投资的分期使用计划应根据技术方案进度计划安排,应明确各期投资额以及其中的外汇和人民币额度。

2. 建设期利息

在建设投资分年计划的基础上可设定初步融资方案,对采用债务融资的技术方案应估算建设期利息。建设期利息是指筹措债务资金时在建设期内发生并按规定允许在投产后计入固定资产原值的利息,即资本化利息。

建设期利息包括银行借款和其他债务资金的利息,以及其他融资费用。其他融资费用是指某些债务融资中发生的手续费、承诺费、管理费、信贷保险费等融资费用,一般情况下应将其单独计算并计入建设期利息。

分期建成投产的技术方案,应按各期投产时间分别停止借款费用的资本化,此后发生的借款利息应计入总成本费用。

建设期利息的计算,根据建设期资金用款计划,在总贷款分年均衡发放前提下,可按当年借款在年中支用考虑,即当年借款按半年计息。计算公式如下:

$$q_j = \left(p_{j-1} + \frac{1}{2}A_j\right) \cdot i \tag{4.3}$$

式中,q_j——建设期第 j 年应计利息;

　　p_{j-1}——建设期第 $j-1$ 年年末累计贷款利息本金与利息之和;

　　A_j——建设期第 j 年贷款金额;

　　i——年利率。

【例 4.1】 某新建项目,建设期为 3 年,分年均衡进行贷款,第 1 年贷款 300 万元,第 2 年贷款 600 万元,第 3 年贷款 400 万元,年利率为 12%,建设期内利息只计息不支付,求建设期利息。

解:在建设期,各年利息计算如下。

$$q_1 = \frac{1}{2}A_1 \cdot i = \frac{1}{2} \times 300 \times 12\% = 18(万元)$$

$$q_2 = \left(p_1 + \frac{1}{2}A_2\right) \cdot i = \left(300 + 18 + \frac{1}{2} \times 600\right) \times 12\% = 74.16(万元)$$

$$q_3 = \left(p_2 + \frac{1}{2}A_3\right) \cdot i = \left(318 + 600 + 74.16 + \frac{1}{2} \times 400\right) \times 12\% \approx 143.06(万元)$$

所以,

$$建设期利息 = q_1 + q_2 + q_3 \approx 18 + 74.16 + 143.06 = 235.22(万元)$$

3. 流动资金

流动资金是指运营期内长期占用并周转使用的营运资金,不包括运营中需要的临时性营运资金。

流动资金的估算基础是经营成本和商业信用等,它是流动资产与流动负债的差额。流动资产的构成要素一般包括存货、库存现金、应收账款和预付账款;流动负债的构成要素一般只考虑应付账款和预收账款。

投产第 1 年所需的流动资金应在技术方案投产前安排,为了简化计算,技术方案经济效果评价中流动资金可从投产第 1 年开始安排。

在技术方案寿命期结束时,投入的流动资金应予以回收。

4. 技术方案资本金

1)技术方案资本金的特点

技术方案的资本金(即技术方案权益资金)是指在技术方案总投资中,由投资者认缴的出资额,对技术方案来说是非债务性资金,技术方案权益投资者整体(即项目法人)不承担这部分资金的任何利息和债务;投资者可按其出资的比例依法享有所有者权益,也可转让其出资,但一般不得以任何方式抽回。

资本金是确定技术方案产权关系的依据,也是技术方案获得债务资金的信用基础,因为技术方案的资本金晚于负债受偿,可以降低债权人债权回收风险。资本金没有固定的按期还本付息压力。股利是否支付和支付多少,视技术方案投产运营后的实际经营效果而定,因此,项目法人的财务负担较小。

技术方案资本金主要强调的是作为技术方案实体而不是企业所注册的资金。注册资金是指企业实体在工商行政管理部门登记认缴的注册资金,通常是指营业执照登记的资金总额,即会计上的"实收资本"或"股本",是企业投资者按比例投入的资金。在我国注册资金又称为企业资本金。因此,技术方案资本金是有别于注册资金的。

2) 技术方案资本金的出资方式

技术方案的资本金是由技术方案的发起人、股权投资人以获得技术方案财产权和控制权的方式投入的资金。资本金出资形态可以是现金,也可以是实物、工业产权、非专利技术、土地使用权、资源开采权作价,但必须经过有资格的资产评估机构评估作价。通常企业未分配利润以及从税后利润提取的公积金可投资于技术方案,成为技术方案的资本金。以工业产权和非专利技术作价出资的比例一般不超过技术方案资本金总额的 20%,国家对采用高新技术成果有特别规定的除外。

根据国务院"决定健全固定资产投资项目资本金管理,促进有效投资,加强风险防范"的规定,对基础设施领域和其他国家鼓励发展行业的技术方案可通过发行权益型、股权类金融工具筹措资本金,但不得超过技术方案资本金总额的 50%;地方政府可统筹使用财政资金筹集技术方案资本金。技术方案借贷资金和不合规的股东借款、"名股实债"等不得作为技术方案资本金,筹措资本金不得违规增加地方政府隐性债务,不得违反国有企业资产负债率相关要求,不得拖欠工程款。

为了使技术方案保持合理的资产结构,应根据投资各方及技术方案的具体情况选择技术方案资本金的出资方式,以保证技术方案能顺利建设并在建成后能正常运营。

5. 技术方案资本金现金流量表中投资借款的处理

从技术方案投资主体的角度看,技术方案投资借款是现金流入,但同时将借款用于技术方案投资则构成同一时点、相同数额的现金流出,两者相抵,对净现金流量的计算无影响。因此,一方面,在技术方案资本金现金流量表中投资只计技术方案资本金。另一方面,现金流入又是因技术方案全部投资所获得,故应将借款本金的偿还及利息支付计入现金流出。

6. 维持运营投资

某些技术方案在运营期需要进行一定的固定资产投资才能得以维持正常运营,如设备更新费用、油田的开发费用、矿山的井巷开拓延伸费用等。不同类型和不同行业的技术方案投资的内容可能不同,但发生维持运营投资时应估算其投资费用,并在现金流量表中将其作为现金流出,参与财务内部收益率等指标的计算。同时,也应反映在财务计划现金流量表中,参与财务生存能力分析。

维持运营投资是否能予以资本化,按照《企业会计准则——固定资产》,取决于其是否能为企业带来经济利益且该固定资产的成本是否能够可靠地计量。技术方案经济效果评价中,如果该投资投入延长了固定资产的使用寿命,或使产品质量实质性提高,或成本实质性降低等,使可能流入企业的经济利益增加,那么该维持运营投资应予以资本化,即应计入固定资产原值,并计提折旧。否则该投资只能费用化,不形成新的固定资产原值。

4.2.3 经营成本

1. 总成本

在技术方案运营期内,各年的总成本费用按生产要素构成式(4.4)。

$$总成本费用 = 外购原材料、燃料及动力费 + 工资及福利费 + 修理费 + 折旧费$$
$$+ 摊销费 + 财务费用(利息支出) + 其他费用 \qquad (4.4)$$

式中各分项的内容和估算要点如下。

1) 外购原材料、燃料及动力费

对耗用量大的主要原材料、燃料及动力应分别按照其年消耗量和供应单价进行估算,然后汇总。即

$$外购原材料、燃料及动力费 = \sum 年消耗量 \times 原材料、燃料及动力供应单价 \quad (4.5)$$

其他耗用量不大,但是种类繁多的原材料、燃料及动力成本可以参照类似企业统计资料计算的其他材料、燃料及动力占主要原材料、燃料及动力成本的比率进行估算。

原材料、燃料及动力价格是在选定价格体系下的预测价格,该价格应计到厂价格计,并考虑运输及仓储损耗。采用的价格时点和价格体系应与营业收入的估算一致。外购原材料、燃料及动力费估算要充分体现行业特点和技术方案具体情况。

2) 工资及福利费

工资及福利费是指企业为获得职工提供的服务而给予各种形式的报酬以及其他相关支出,通常包括职工工资、奖金、津贴和补贴,职工福利费,以及医疗、养老、失业、工伤、生育等社会保险费和住房公积金中由职工个人缴付的部分。工资及福利费一般按照技术方案建成投产后各年所需的职工总数即劳动定员数和人均年工资及福利费水平测算,即

$$工资及福利费 = 企业职工定员数 \times 人均年工资及福利费 \qquad (4.6)$$

确定工资及福利费水平时需考虑技术方案性质、技术方案地点、行业特点等因素。依托老企业的技术方案,还要考虑原企业工资水平。

也可按照不同人员类型和层次分别估算不同档次职工的工资及福利费,然后汇总;同时可以根据工资及福利费的历史数据并结合工资及福利费的现行增长趋势确定一个合理的年增长率,在各年的工资及福利费水平中反映出这种增长趋势。

3) 修理费

修理费是指为保持固定资产的正常运转和使用,充分发挥使用效能,对其进行必要修理所发生的费用。按修理范围的大小和修理时间间隔的长短可以分为大修和中小修。技术方案评价中可直接按固定资产原值(扣除所含的建设期利息)或折旧额的一定百分数估算,百分数的选取应考虑行业的技术方案特点,修理费可按下列公式之一计算:

$$修理费 = 固定资产原值 \times 计提比率(\%) \tag{4.7}$$

$$修理费 = 固定资产折旧额 \times 计提比率(\%) \tag{4.8}$$

修理费允许直接在成本中列支,如果当期发生的修理费用数额较大,可采用预提或摊销的办法。在生产运营的各年中,修理费率的取值一般采用固定值。根据技术方案特点也可以间断性地调整修理费率,开始取较低值,以后取较高值。

4)折旧费

固定资产折旧费可以分类计算,也可以综合计算。

(1)固定资产折旧影响因素。固定资产折旧既指固定资产在使用过程中会逐渐损耗的现象,也指固定资产在使用过程中因逐渐损耗而转移到产品成本或商品流通费的那部分价值,是固定资产价值的一种补偿方式。通过折旧计入产品成本或商品流通费的那部分固定资产转移价值,叫作"折旧费"。会计上,折旧就是指在固定资产使用寿命内,按照确定的方法对应计折旧额进行系统分摊。应计折旧额是固定资产的原价扣除其预计净残值后的金额。已计提减值准备的固定资产,还应当扣除已计提的固定资产减值准备累计金额。

① 固定资产原价。固定资产应当按照成本进行初始计量。外购固定资产的成本,包括购买价款、相关税费、使固定资产达到预定可使用状态前所发生的可归属于该项资产的运输费、装卸费、安装费和专业人员服务费等。以一笔款项购入多项没有单独标价的固定资产,应当按照各项固定资产公允价值比例对总成本进行分配,分别确定各项固定资产的成本;自行建造固定资产的成本,由建造该项资产达到预定可使用状态前所发生的必要支出构成;投资者投入固定资产的成本,应当按照投资合同或协议约定的价值确定,但合同或协议约定价值不公允的除外。确定固定资产成本时,应当考虑预计弃置费用因素。

② 预计净残值。企业应当根据固定资产的性质和使用情况,合理确定固定资产的折旧年限和预计净残值。固定资产折旧年限是计提折旧的时间长短,应根据固定资产使用寿命合理确定,企业在实际计提固定资产折旧时,当月增加的固定资产,当月不提折旧,从下月起计提折旧;当月减少的固定资产,当月照提折旧,从下月起不提折旧。预计净残值,是指假定固定资产预计使用寿命已满并处于使用寿命终了时的预期状态,企业目前从该项资产处置中获得的扣除预计处置费用后的金额。固定资产的折旧年限、预计净残值一经确定,不得随意变更。但《企业会计准则》规定,企业至少应当于每年年度终了,对固定资产的使用寿命、预计净残值和折旧方法进行复核。

使用寿命预计数与原先估计数有差异的,应当调整固定资产使用寿命。预计净残值预计数与原先估计数有差异的,应当调整预计净残值。

③ 固定资产使用寿命和折旧年限。企业确定固定资产使用寿命,应当考虑下列因素:预计生产能力或实物产量;预计有形损耗和无形损耗;法律或者类似规定对资产使用的限制。

《中华人民共和国企业所得税法实施条例》规定:除国务院财政、税务主管部门另有规定外,固定资产计算折旧的最低年限如下:房屋、建筑物,为20年;飞机、火车、轮船、机器、机械和其他生产设备,为10年;与生产经营活动有关的器具、工具、家具等,为5年;飞机、火车、轮船以外的运输工具,为4年;电子设备,为3年。

(2)固定资产折旧方法。企业应当根据与固定资产有关的经济利益的预期实现方式,合理选择固定资产折旧方法。可选用的折旧方法包括年限平均法、工作量法、双倍余额递减法和年数总和法等。具体选择固定资产折旧方法时，应当根据与固定资产有关的经济利益的预期消耗方式做出决定。由于收入可能受到投入、生产过程、销售等因素的影响，这些因素与固定资产有关经济利益的预期消耗方式无关，因此，企业不应以包括使用固定资产在内的经济活动所产生的收入为基础进行折旧。

① 平均年限法。平均年限法是指将固定资产按预计使用年限平均计算折旧并均衡地分摊到各期的一种方法。采用这种方法计算的每期(年、月)折旧额都是相等的。在不考虑减值准备的情况下，其计算公式如下：

$$固定资产年折旧额 = \frac{固定资产应计折旧额}{固定资产预计使用年限} \tag{4.9}$$

$$固定资产月折旧额 = \frac{固定资产应计年折旧额}{12} \tag{4.10}$$

每年固定资产折旧额与固定资产原值之比称为固定资产年折旧率。

② 工作量法。工作量法是按照固定资产预计可完成的工作量计提折旧额的一种方法。不考虑减值准备，工作量法折旧的基本计算公式如下：

$$单位工作量折旧额 = \frac{应计折旧额}{预计总工作量} \tag{4.11}$$

某项固定资产月折旧额 = 该项固定资产当月工作量 × 单位工作量折旧额

施工企业常用的工作量法有以下两种。

• 行驶里程法。行驶里程法是按照行驶里程平均计算折旧的方法。它适用于车辆、船舶等运输设备计提折旧。其计算公式如下：

$$单位里程折旧额 = \frac{应计折旧额}{总行驶里程} \tag{4.12}$$

某项固定资产月折旧额 = 该项固定资产当月行驶里程 × 单位里程折旧额

• 工作台班法。工作台班法是按照工作台班数平均计算折旧的方法。它适用于机器、设备等计提折旧。其计算公式如下：

$$每工作台班折旧额 = \frac{应计折旧额}{总工作台班} \tag{4.13}$$

某项固定资产月折旧额 = 该项固定资产当月工作台班 × 每工作台班折旧额

③ 双倍余额递减法。双倍余额递减法是在不考虑固定资产预计净残值的情况下，根据每年年初固定资产净值和双倍的直线法折旧率计算固定资产折旧额的一种方法。采用这种方法，固定资产账面余额随着折旧的计提逐年减少，而折旧率不变，因此，各期计提的折旧额必然逐年减少。双倍余额递减法是加速折旧的方法，是在不缩短折旧年限和不改变净残值率的情况下，改变固定资产折旧额在各年之间的分布，在固定资产使用前期提取较多的折旧，而在使用后期则提取较少的折旧。

④ 年数总和法。年数总和法是将固定资产的原值减去净残值后的净额乘以一个逐年递减的分数。逐年递减分数的分子为该项固定资产年初时尚可使用的年数，分母为该项固定资产使用年数的逐年数字总和，假设使用年限为 N 年，分母即为 $1+2+3+\cdots+N = N(N+1)/2$。这个分数因逐年递减，为一个变数。而作为计提折旧依据的固定资产原值

和净残值则各年相同,因此,采用年数总和法计提折旧,各年提取的折旧额必然逐年递减,因此也是一种加速折旧的方法。

固定资产的折旧方法一经确定,不得随意变更。企业至少应当于每年年度终了,对固定资产的折旧方法进行复核。与固定资产有关的经济利益预期实现方式有重大改变的,应当改变固定资产折旧方法。

企业应当对所有固定资产计提折旧。但是,已提足折旧仍继续使用的固定资产和单独计价入账的土地除外。

5)摊销费

摊销费是指无形资产和其他资产在技术方案投产后一定期限内分期摊销的费用。

无形资产又称"无形固定资产",是指不具有实物形态,而以某种特殊权利、技术、知识、素质、信誉等价值形态存在于企业并对企业长期发挥作用的资产,如专利权、非专利技术、租赁权、特许营业权、版权、商标权、商誉、土地使用权等。无形资产属于企业的长期资产,能在较长的时间里给企业带来效益。企业应将入账的无形资产的价值在一定年限内摊销,其摊销金额计入管理费用,并同时冲减无形资产的账面价值。

无形资产摊销包括摊销期、摊销方法和应摊销金额的确定。

企业应当于取得无形资产时分析判断其使用寿命。无形资产的使用寿命为有限的,应当估计该使用寿命的年限或者构成使用寿命的产量等类似计量单位数量;无法预见无形资产为企业带来经济利益期限的,应当视为使用寿命不确定的无形资产。

对于使用寿命不确定的无形资产不需要摊销,但每年应进行减值测试。使用寿命有限的无形资产,其应摊销金额应当在使用寿命内系统合理摊销。企业摊销无形资产,应当自无形资产可供使用时起,至不再作为无形资产确认时止。其中,无形资产的应摊销金额为其成本扣除预计残值后的金额。已计提减值准备的无形资产,还应扣除已计提的无形资产减值准备累计金额。使用寿命有限的无形资产,其残值应当视为零,但下列情况除外:有第三方承诺在无形资产使用寿命结束时购买该无形资产;可以根据活跃市场得到预计残值信息,并且该市场在无形资产使用寿命结束时很可能存在。

无形资产摊销存在多种方法,包括直线法、生产总量法等,其原理类似于固定资产折旧。企业选择的无形资产摊销方法,应当反映与该无形资产有关的经济利益的预期实现方式。无法可靠确定预期实现方式的,应当采用直线法摊销。

无形资产应当按照成本进行初始计量。外购无形资产的成本,包括购买价款、相关税费以及直接归属于使该项资产达到预定用途所发生的其他支出;投资者投入无形资产的成本,应当按照投资合同或协议约定的价值确定,但合同或协议约定价值不公允的除外;非货币性资产交换、债务重组、政府补助和企业合并取得的无形资产的成本,应按相应会计准则确定。

企业至少应当于每年年度终了,对使用寿命有限的无形资产的使用寿命及摊销方法进行复核。无形资产的使用寿命及摊销方法与以前估计不同的,应当改变摊销期限和摊销方法。

按照有关规定,无形资产从开始使用之日起,在有效使用期限内平均摊入成本。法律和合同规定了法定有效期限或者受益年限的,摊销年限服从其规定;否则摊销年限应注意符合税法的要求。无形资产的摊销一般采用平均年限法,不计残值。

其他资产的摊销可以采用平均年限法,不计残值,摊销年限应注意符合税法的要求。

6) 利息支出

按照会计法规,企业为筹集所需资金而发生的费用称为借款费用,又称为财务费用,包括利息支出(减利息收入)、汇兑损失(减汇兑收益)以及相关的手续费等。在技术方案的经济效果分析中,通常只考虑利息支出。利息支出的估算包括长期借款利息、流动资金借款利息和短期借款利息三部分。建设投资贷款在生产期间的利息支出应根据不同的还款方式和条件采用不同的计息方法;流动资金借款利息按照每年年初借款余额和预计的年利率计算。需要引起注意的是,在生产期利息是可以进入总成本的,因而每年计算的利息不再参与以后各年利息的计算。

7) 其他费用

其他费用包括其他制造费用、其他管理费用和其他营业费用这三项费用,是指制造费用、管理费用和营业费用中分别扣除工资及福利费、折旧费、摊销费、修理费以后的其余部分,应计入生产总成本费用的其他所有费用。产品出口退税和减免税项目按规定不能抵扣的进项税额也可包括在内。

2. 经营成本

经营成本是工程经济分析中的专用术语,用于技术方案经济效果评价的现金流量分析。

在经济效果评价中,现金流量表反映技术方案在计算期内逐年发生的现金流入和流出。由于建设投资已按其发生的时间作为一次性支出被计入现金流出,在技术方案建成后建设投资形成固定资产、无形资产和其他资产。折旧是建设投资所形成的固定资产的补偿价值,如将折旧随成本计入现金流出,会造成现金流出的重复计算。同样,由于无形资产及其他资产摊销费也是建设投资所形成资产的补偿价值,只是技术方案内部的现金转移,而非现金支出,故为避免重复计算也不予考虑。贷款利息是使用借贷资金所要付出的代价,对于技术方案来说是实际的现金流出,但在评价技术方案总投资的经济效果时,并不考虑资金来源问题,故在这种情况下也不考虑贷款利息的支出。在资本金现金流量表中由于已将利息支出单列,因此经营成本中也不包括利息支出。由此可见,经营成本作为技术方案现金流量表中运营期现金流出的主体部分,是从技术方案本身考察的,在一定期间(通常为一年)内由于生产和销售产品及提供服务而实际发生的现金支出。按下式计算:

$$经营成本 = 总成本费用 - 折旧费 - 摊销费 - 利息支出 \qquad (4.14)$$

或

$$经营成本 = 外购原材料、燃料及动力费 + 工资及福利费 + 修理费 + 其他费用$$

$$(4.15)$$

经营成本与融资方案无关。因此在完成建设投资和营业收入估算后,就可以估算经营成本,为技术方案融资前的分析提供数据。

经营成本估算的行业性很强,不同行业在成本构成项目和名称上都可能有较大的不同。估算应按行业规定进行,没有规定的也应注意反映行业特点。

4.2.4 税金

税金是国家凭借政治权利参与国民收入分配和再分配的一种货币形式。在技术方案经济效果评价中合理计算各种税费,是正确计算技术方案效益与费用的重要基础。

技术方案经济齐效果评价涉及的税费主要包括增值税、消费税、资源税、城市维护建设税和教育费附加、地方教育附加、环境保护税、关税、所得税等,有些行业不包括土地增值税。此外还有车船税、房产税、土地使用税、印花税和契税等。

税金一般属于财务现金流出。在进行税金计算时应说明税种、税基、税率、计税额等,这些内容应根据相关税法和技术方案的具体情况确定。

1. 增值税

经国务院批准,自 2016 年 5 月 1 日起,在全国范围内全面推开营业税改征增值税试点,由缴纳营业税改为缴纳增值税。增值税是对商品生产、流通、劳务服务中多个环节的新增价值或商品的附加值征收的一种流转税。增值税已经成为我国最主要的税种之一。

根据《中华人民共和国增值税暂行条例》和《中华人民共和国增值税暂行条例实施细则》的规定,工程项目投资构成中的建筑安装工程费、设备购置费、工程建设其他费用中所含增值税中进项税的税额,应根据国家增值税相关规定实施抵扣,该抵扣固定资产进项税额不得计入固定资产原值。但是,为了满足筹资的需要,必须足额估算技术方案建设投资,为此,技术方案建设投资估算应按含增值税进项税额的价格进行。同时要将可抵扣固定资产进项税额单独列示,以便财务分析中正确计算固定资产原值和应纳增值税。

增值税是对在中华人民共和国境内销售货物、加工修理修配劳务、服务、无形资产或者不动产(以下称应税行为)的单位和个人征收的税金。技术方案经济效果分析应按规定计算增值税,计算公式如下:

$$应纳增值税额 = 当期销项税额 - 当期进项税额 \tag{4.16}$$

在式(4.16)中,销项税额是指纳税人发生应税行为时按照销售额和规定的增值税税率计算并收取的增值税额。计算公式如下:

$$销项税额 = 销售额 \times 增值税税率 \tag{4.17}$$

增值税是价外税,纳税人交税,最终由消费者负担,有增值才征税,没增值不征税。因此一般计税方法的销售额不包括销项税额;纳税人采用销售额和销项税额合并定价方法的,按照式(4.18)计算销售额:

$$销售额 = 含税销售额 \div (1 + 增值税税率) \tag{4.18}$$

进项税额是指纳税人购进货物、加工修理修配劳务、服务、无形资产或者不动产支付或者负担的增值税额。对允许抵扣购置固定资产的进项税额,应注意相关的规定。对可以抵扣的进项税额计算公式如下:

$$可以抵扣的进项税额 = \frac{固定资产、无形资产、不动产净值}{1 + 适用税率} \times 适用税率 \tag{4.19}$$

试点纳税人销售货物、加工修理修配劳务、服务、无形资产或者不动产适用不同的税率。当期销项税额小于当期进项税额不足抵扣时,其不足部分可以结转下期继续抵扣。另须注意涉及出口退税(增值税)时的计算及与相关报表的联系。

2. 消费税

消费税是针对特定消费品征收的税金。在经济效果评价中,对适用消费税的产品,消费税实行从价定率、从量定额,或者从价定率和从量定额复合计税(简称复合计税)的办法计算应纳税额。应纳消费税额计算公式如下。

1) 实行从价定率办法

$$应纳消费税额 = 销售额 \times 比例税率 \tag{4.20}$$

2) 实行从量定额办法

$$应纳消费税额 = 销售数量 \times 定额税率 \tag{4.21}$$

3) 实行复合计税办法

$$应纳消费税额 = 销售额 \times 比例税率 + 销售数量 \times 定额税率 \tag{4.22}$$

纳税人销售的应税消费品,以人民币计算销售额;纳税人以人民币以外的货币结算销售额的,应当折合成人民币计算。销售额为纳税人销售应税消费品向购买方收取的全部价款和价外费用。

3. 资源税

资源税是国家对开采规定的矿产品或者生产盐的单位和个人在应税产品的销售或自用环节征收的税种。

资源税按照《税目税率表》实行从价计征或者从量计征。

1) 采用从价计征的方法

$$应纳资源税额 = 应税产品的销售额 \times 适用税率 \tag{4.23}$$

2) 采用从量计征的方法

$$应纳资源税额 = 应税产品的销售数量 \times 适用单位税额 \tag{4.24}$$

纳税人开采或者生产不同税目应税产品的,应当分别核算不同税目应税产品的销售额或者销售数量。纳税人开采或者生产应税产品自用的,应当依照规定缴纳资源税;但是,自用于连续生产应税产品的,不缴纳资源税。

依照《中华人民共和国资源税法》的原则,国务院根据国民经济和社会发展需要,对取用地表水或者地下水的单位和个人试点征收水资源税。征收水资源税的,停止征收水资源费。

4. 城镇土地使用税

城镇土地使用税是为了合理利用城镇土地,调节土地级差收入,提高土地使用效益,加强土地管理,对在城市、县城、建制镇、工矿区范围内使用土地的单位和个人征收的城镇土地使用税(以下简称土地使用税)。

土地使用税以纳税人实际占用的土地面积为计税依据,依照规定的土地使用税每平方米年税额计算征收。

土地使用税按年计算、分期缴纳。缴纳期限由省、自治区、直辖市人民政府确定。

5. 附加税

附加税是随某种税收按一定比例加征的税。技术方案经济效果评价涉及的附加税主要是城市维护建设税和教育费附加、地方教育附加。

城市维护建设税是一种为了加强城市的维护建设,扩大和稳定城市维护建设资金来源的地方附加税;教育费附加是国家为发展地方教育事业,扩大地方教育经费来源,计征用于教育的政府性基金,是地方收取的专项费用;地方教育附加是各省、自治区、直辖市根据国家有关规定,为实施"科教兴省"战略,增加地方教育的资金投入,开征的一项地方政府性基金,主要用于各地方的教育经费的投入补充。

城市维护建设税和教育费附加、地方教育附加,以增值税和消费税为税基乘以相应的税率计算。其中,城市维护建设税税率根据技术方案所在地不同有三个等级,即市区为7%,县城和镇为5%,市区、县城和镇以外为1%;教育费附加率为3%;地方教育附加率为2%。城市维护建设税和教育费附加、地方教育附加分别与增值税和消费税同时缴纳。

$$应纳城市维护建设税额 = 实际缴纳的增值税、消费税税额 × 适用税率 \qquad (4.25)$$

在经济效果分析中,消费税、土地使用税、资源税、城市维护建设税、教育费附加和地方教育附加均可包含在营业税金及附加中。

6. 耕地占用税

耕地占用税是为了合理利用土地资源,加强土地管理,保护耕地,对在我国境内占用用于种植农作物的土地建设建筑物、构筑物或者从事非农业建设的单位和个人征收的税金。耕地占用税的纳税人,应当依照规定缴纳耕地占用税。

耕地占用税以纳税人实际占用的耕地面积为计税依据,按照规定的适用税额一次性征收。计算公式如下:

$$应纳耕地占用税额 = 实际占用的耕地面积(平方米) × 适用税额 \qquad (4.26)$$

对占用耕地建设农田水利设施的,不缴纳耕地占用税。

7. 环境保护税

环境保护税是为了保护和改善环境,减少污染物排放,推进生态文明建设,对在我国领域和我国管辖的其他海域,直接向环境排放应税污染物的企业事业单位和其他生产经营者征收的税金。环境保护税所称应税污染物是指《环境保护税税目税额表》和《应税污染物和当量值表》规定的大气污染物、水污染物、固体废物和噪声。环境保护税应纳税额按照应税污染物分别计算。

1)应税大气污染物

$$应纳环境保护税额 = 大气污染当量数 × 适用税额 \qquad (4.27)$$

式中,大气污染当量数按照应税大气污染物排放量折合的污染当量数确定。

2)应税水污染物

$$应纳环境保护税额 = 水污染当量数 × 适用税额 \qquad (4.28)$$

式中,水污染当量数按照应税水污染物排放量折合的污染当量数确定。

3)应税固体废物

$$应纳环境保护税额 = 固体废物排放量 × 适用税额 \qquad (4.29)$$

式中,固体废物排放量按照应税固体废物的排放量确定。

4)应税噪声

$$应纳环境保护税额 = 分贝数 × 适用税额 \qquad (4.30)$$

式中,分贝数按照应税噪声超过国家规定标准的分贝数确定。

8. 关税

关税是以进出口的应税货物为纳税对象的税种。技术方案经济效果评价中涉及引进设备、技术和进口原材料时,应按有关税法和国家的税收优惠政策,正确估算进口关税。进口货物关税以从价计征、从量计征或者国家规定的其他方式征收。

(1)从价计征时,应纳税额计算公式如下:

$$应纳关税额 = 完税价格 \times 关税税率 \tag{4.31}$$

进口货物的完税价格,由海关以该货物的成交价格为基础审查确定,并应当包括货物运抵中华人民共和国境内输入地点起卸前的运输及其相关费用、保险费。

出口货物的完税价格由海关以该货物的成交价格为基础审查确定,并应当包括货物运至中华人民共和国境内输出地点装载前的运输及其相关费用、保险费。

(2)从量计征时,应纳税额计算公式如下:

$$应纳关税额 = 货物数量 \times 单位税额 \tag{4.32}$$

我国仅对少数货物征收出口关税,而对大部分货物免征出口关税。若技术方案的出口产品属征税货物,应按规定估算出口关税。

9. 所得税

技术方案经济效果评价中所得税是指企业所得税,即针对企业应纳税所得额征收的税种。企业所得税按有关税法扣除所得税前项目计算应纳税所得额,并采用适宜的税率计算。计算公式为

$$应纳所得税额 = 应纳税所得额 \times 适用税率 - 减免税额 - 抵免税额 \tag{4.33}$$

上述各税费如有减征、免征和抵免的优惠,应说明政策依据以及减免、抵免的方式并按相关规定估算减免、抵免金额。

4.3 技术方案评价案例

技术方案评价案例测算涉及前面所述内容主要包括:第 1 章资金时间价值的计算及应用中利息的计算、资金等值计算;第 2 章经济效果评价内容中经济效果指标,如投资收益率、静态投资回收期、财务净现值、财务内部收益率等相关评价指标测算和分析;第 4 章技术方案现金流量表的编制及技术方案现金流量表相关构成要素,如营业收入、投资、经营成本、税金等测算。本案例计算过程和计算结果均保留两位小数。

1. 案例项目简介

1)项目背景

某区地处长江中游汉江下游、武汉市近郊西北部,为府河、汉江及张公堤所环绕。该片区慈惠、走马岭、新沟地处汉江大堤—汉丹铁路所夹区域,除刘家台附近局部地面高程为 22.50m,其他区域地面高程为 23.00～25.00m。汉丹铁路以南区域受汉丹铁路和汉宜铁路

的制约,加之前期建设标准较低,雨污混流、排放无序,现阶段该地区的排水管网及排水沟断面均太小,且该地区的排水系统经过多年使用,已经有多处损毁,并且有些地方堵淤塞严重,杂草丛生,严重影响城区排水及农田排涝的要求。

考虑到汉丹铁路和汉江大堤所围区域为经开区工业示范园区的上游,从雨水系统角度出发,应将其进行综合整治,充分发挥排水一期、排水二期已建工程的效益,满足片区开发的需要,提高区域排水系统建设标准,以缓解地区渍水威胁。

为响应武汉市政府"四水共治"工作计划,促进某区社会经济发展、保护人民身体健康、提高水环境质量及优化投资环境,区政府提出了在全区实现"污水全处理、垃圾全焚烧、道路全硬化、绿化全覆盖"的目标;建设国家级生态示范区、国家级循环经济试点园区。

根据污水专项规划确定的原则,除吴家山南部老城区采用截流式合流制,在其他新近开发建设区域采用雨污分流制,地区的雨水依地势就近排入附近的水体,污水则由污水管网收集后排至各污水处理厂,处理达标后排入府河。

2)项目内容

案例项目(以下简称项目)建设内容包括雨水管涵工程、污水管道工程、雨污分流改造工程、管道清淤工程、明渠整治工程、泵站涵闸工程、景观绿化工程、道路工程的设计、投融资、建设、运维和后期移交。具体建设内容如下。

(1)子项一:雨污分流改造及排水系统完善工程。具体包括:市政污水管网完善;市政道路雨水管网完善及渍水点改造;雨水排放主次干渠综合整治。

(2)子项二:雨污分流改造及排水系统完善工程。具体包括:市政污水管网完善;雨水排放主次干渠综合整治。

(3)子项三:雨污分流改造及排水系统完善工程。具体包括:市政污水管网完善;排污管网衔接和完善;雨水排放主次干渠综合整治。

(4)子项四:高桥二路(汉宜铁路—107国道)排水工程。具体包括:沿高桥二路新建雨水排放主通道;沿高桥二路新建污水排放主通道。

通过新建污水系统实现片区雨污分流及为污水排放提供出路,从源头上控制入湖、入渠污水量,提高区域污水收集率及完善率,实现污水收集系统化、削减入渠污水的目标,提高区域水环境质量。

在充分调查研究现有排水系统基础上,充分利用现有农排水系统及现有排水设施,合理进行排水分区,优化城市雨水排放系统,设置雨水排放主干渠涵和雨水闸泵工程,将地区内雨水就近排入现有水体,确保区域内按设计标准不产生内涝渍水。

3)项目业主

某区人民政府(以下简称区政府)授权某水务局(以下简称水务局)为项目实施机构,同时指定某投资集团有限公司(以下简称C公司)为政府方出资代表与中选社会资本共同出资组建项目公司。

4)项目总投资

项目总投资约为163521.71万元,其中:工程建设费用约为124820.00万元,工程建设其他费用约为15903.00万元,预备费约为11902.00万元,建设期利息约为10896.71万元,项目总投资估算表如表4.5所示。

表 4.5　项目总投资估算表　　　　　　　　　　　单位：万元

序号	项　　目	总投资
1	建设投资	152625.00
1.1	工程建设费用	124820.00
1.2	工程建设其他费用	15903.00
1.3	预备费	11902.00
2	建设期利息	10896.71
3	流动资金	0.00
4	总投资	163521.71

注：表格中需经计算得到的数据均为四舍五入以后取整数所得。

　　建设期资金均衡投入，只计息不支付。建设期贷款利率同表 4.6 序号 3，等于 5.39%，建设期各年利息测算可参照式(4.3)。建设期前两年贷款利息计算如下：

建设期第 1 年贷款利息＝建设期第 1 年债务资金÷2×建设期贷款利率

$$=43605.80 \div 2 \times 5.39\% \approx 1175.18(万元)$$

建设期第 2 年贷款利息＝(建设期第 1 年债务资金＋建设期第 1 年贷款利息

＋建设期第 2 年债务资金÷2)×建设期贷款利率

$$\approx (43605.80 + 1175.18 + 43605.80 \div 2) \times 5.39\%$$

$$\approx 3588.87(万元)$$

表 4.6　项目财务测算基本假设条件

序号	项　　目	计算条件	序号	项　　目	计算条件
1	借款基准利率	4.90%	15	工程建设其他费进项税率	6.00%
2	上浮率	10.00%	16	预备费进项税率	9.00%
3	建设期贷款利率	5.39%	17	企业所得税率	25.00%
4	运行期借款执行利率	5.39%	18	公司法定盈余公积金	10.00%
5	合作期/年	20	19	公司任意盈余公积金	5.00%
6	建设期/年	3	20	项目资本金	总投资×20.00%
7	运营期/年	17	21	注册资金/万元	32704.34
8	年运营维护成本/万元	1233.00	22	基准收益率	4.00%
9	项目公司销项税率	6.00%	23	工程建设费/万元	124820.00
10	附加税率	12.00%	24	工程建设其他费/万元	15903.00
11	城市维护建设税	7.00%	25	预备费/万元	11902.00
12	教育费附加	3.00%	26	合理收益率	6.35%
13	地方教育费附加	2.00%	27	B 企业单位资金成本	4.00%
14	工程建设费用进项税率	9.00%			

2. 项目运作模式

项目运作模式采用 PPP(政府与社会资本合作)模式中的"BOT"(建设—运营—移交)模式。政府通过公开招标程序引进社会资本作为项目的社会资本合作方,共同设立项目公司。与中选的社会资本、项目公司签订 PPP 合同,授权项目公司在合同期内负责项目的勘察设计、建设、融资及运营维护。区政府通过向项目公司支付可用性服务费的方式购买项目可用性,以及支付运维绩效服务费的方式购买项目公司为维持项目可用性所需的运营维护服务。

根据国务院《关于调整和完善固定资产投资项目资本金制度的通知》(国发〔2015〕51 号)要求和政府的招标文件,项目自有资金比例为总投资的 20.00%。

根据投融资方案,项目投融资金额约为 163521.71 万元,其中:

项目自有资金=项目总投资×自有资金比例=163521.71×20.00%≈32704.34(万元)

项目计划贷款资金=项目总投资−项目自有资金=163521.71−32704.34=130817.37(万元)

项目计划贷款资金占比 80.00%,由项目公司向银行申请贷款解决,项目总投资使用计划与资金筹措表如表 4.7 所示。

表 4.7　项目总投资使用计划与资金筹措表　　　单位:万元

序号	项　　目	合　　计	第 1 年	第 2 年	第 3 年
1	投资总额	163521.71	52050.18	54463.87	57007.66
1.1	建设投资	152625.00	50875.00	50875.00	50875.00
1.2	建设期利息	10896.71	1175.18	3588.87	6132.66
1.3	流动资金	—	—	—	—
2	资金筹措	163521.71	52050.18	54463.87	57007.66
2.1	项目资本金	32704.34	8444.38	10858.07	13401.89
2.1.1	用于建设投资	21807.63	7269.20	7269.20	7269.23
2.1.2	用于建设期利息	10896.71	1175.18	3588.87	6132.66
2.1.3	用于流动资金	—	—	—	—
2.2	债务资金	130817.37	43605.80	43605.80	43605.77
2.2.1	用于建设投资	130817.37	43605.80	43605.80	43605.77
2.2.2	用于建设期利息	0.00	0.00	0.00	0.00

1) 项目公司的设立

(1) 公司名称。项目公司暂定为雨污分流管理有限公司(实际以工商注册登记为准)。

(2) 注册资本及股权结构。项目公司注册资本等于项目资本金,约为 32704.34 万元,其中:政府方出资代表 C 公司出资金额约为 3270.43 万元(占股 10.00%),A 企业出资金额约为 22893.04 万元(占股 70.00%),B 企业出资金额约为 6540.87 万元(占股 20.00%)。项目公司认缴注册资本暂定为与项目资本金一致(具体金额以项目公司《股东协议》及《公司章程》为准),由各方按出资比例持股,自项目公司注册成立之日起 90 日内一次性将注册资本金出资到位。项目融资交易结构如图 4.1 所示。

（3）分红约定。政府出资代表 C 公司不参与分红，其余各股东按实际出资金额比例分红。

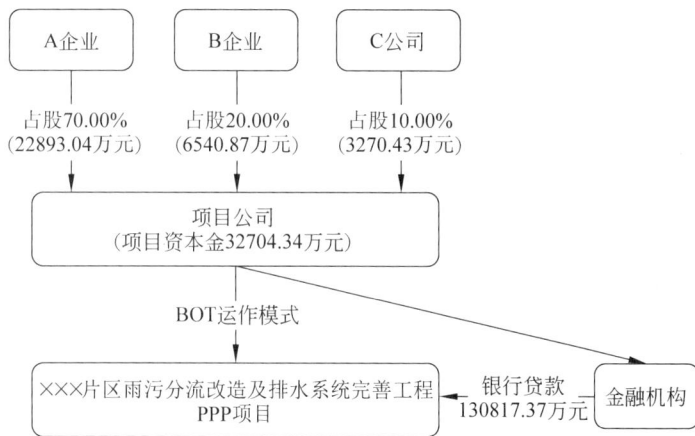

图 4.1　项目融资交易结构

2）项目合作期限

项目合作期限为 20 年（建设期 3 年＋运营期 17 年）。按照"整体采购、分项实施、成熟一个、推进一个"的模式操作，除非项目 PPP 合同延长或提前终止，合作期限自项目 PPP 合同生效之日起算，至第 20 个周年结束之日止。原则上，项目的各子项目应在 3 年建设期内建设完成并通过竣工验收。

3）项目建设

项目公司与 B 企业签订施工总承包合同，施工总承包合同金额约为 124820.00 万元。

4）项目移交和退出

于运营期满之日或协议确定的移交日无偿移交给政府方或政府方指定的其他机构。移交完成后，项目公司直接清算退出。

3. 财务测算

1）测算依据

（1）《中华人民共和国预算法》。

（2）《中华人民共和国政府采购法》。

（3）《关于加强地方政府性债务管理的意见》（国发〔2014〕43 号）。

（4）《关于推广运用政府和社会资本合作模式有关问题的通知》（财金〔2014〕76 号）。

（5）《关于印发政府和社会资本合作模式操作指南（试行）的通知》（财金〔2014〕113 号）。

（6）《关于规范政府和社会资本合作合同管理工作的通知》（财金〔2014〕156 号）。

（7）《中华人民共和国政府采购法实施条例》（2015 国务院令第 658 号）。

（8）《关于开展政府和社会资本合作的指导意见》（发改投资〔2014〕2724 号）。

（9）《关于调整和完善固定资产投资项目资本金制度的通知》（国发〔2015〕51 号）。

（10）《政府和社会资本合作项目物有所值评价指引（试行）》（财金〔2015〕167 号）。

(11)《政府和社会资本合作项目财政承受能力论证指引》(财金〔2015〕21号)。

(12)《关于全面推开营业税改增值税试点的通知》(财税〔2016〕36号)。

(13)《关于在公共服务领域深入推进政府和社会资本合作工作的通知》(财金〔2016〕90号)。

(14)《政府和社会资本合作项目财政管理暂行办法》(财金〔2016〕92号)。

(15)《项目实施方案》。

(16)《项目招标文件》。

(17)其他政府相关文件。

2)测算基本假设条件说明

(1)合作期限。项目合作期限为20年(含建设期3年)。

(2)投资回报率。项目预期投资回报率按照6.35%进行测算。

(3)融资利率。测算时中国人民银行5年及以上贷款年利率为4.90%,融资利率按中国人民银行5年及以上贷款年利率上浮10.00%测算:

$$融资利率=4.90\%\times(1+10.00\%)=5.39\%$$

融资期为20年,建设期只计息不支付。

(4)税费。项目财务评价中涉及的税费主要有增值税、企业所得税、城市维护建设税和教育费附加等。

增值税税率:为便于进行测算,项目公司增值税销项税率统一按6.00%测算,工程建设费用增值税进项税率按9.00%测算,工程建设其他费增值税进项税率按6.00%测算,预备费增值税进项税率按9.00%测算。

增值税附加税税率:城市维护建设税率按实缴增值税的7.00%测算,教育费附加按实缴增值税的3.00%测算,地方教育费附加按实缴增值税的2.00%测算。

企业所得税税率按应纳税所得额的25.00%测算。

(5)财务基准收益率设定。参考该行业一定时期的收益水平并考虑项目的风险因素,设定项目的财务基准收益率 $i_c=4.00\%$。

(6)项目财务测算基本假设条件。项目财务测算基本假设条件如表4.6所示。

3)总成本费用估算

(1)经营成本估算。项目的经营成本即为运营维护成本,运营期各年不含税经营成本同表4.6序号8,等于1233.00万元。

$$运营期不含税经营成本总额=1233.00\times17=20961.00(万元)$$

(2)摊销费。根据《企业会计准则解释第2号》第五条的相关条款规定:项目公司未提供实际建造服务,将基础设施建造发包给其他方的,不应确认建造服务收入,应当按照建造过程中支付的工程价款合同规定,分别确认为金融资产或无形资产。BOT业务所建造基础设施不应作为项目公司的固定资产。

因此,项目公司投资建设形成项目设施固定资产应属政府方所有,项目公司仅在合作期内拥有该固定资产的使用权和经营权,项目公司在完成建设后通过竣工决算确认的项目总投资,按照上述条款规定确认为无形资产,按照特许经营年限进行摊销,列入当年的总成本。

项目总投资中除政府出资代表C公司出资部分形成固定资产不计算摊销外,其他无形

资产总额 148062.14 万元在运营期按年限平均法全部摊销,摊销费计算公式可参照式(4.9),经计算可得:

$$无形资产总额＝124820.00÷(1＋9.00\%)＋15903.00÷(1＋6.00\%)＋11902.00$$
$$÷(1＋9.00\%)＋10896.71－3270.43≈148062.14(万元)$$

各期摊销费用＝无形资产总额÷摊销期≈148062.14÷17≈8709.54(万元)

无形资产摊销计算表如表 4.8 所示。

(3) 财务费用。参照式(1.19),已知 P,求 A 项目,按照等额还本付息法测算运营期每年应还本付息额:

$$A＝P×\frac{i(1＋i)^n}{(1＋i)^n－1}＝P(A/P,i,n)$$

式中,P——还款起始年年初的借款余额,其值等于表 4.9 序号 5 中运营期第 1 年年初借款余额,约为 130817.37 万元;

i——贷款年利率,参照表 4.6 序号 4,按 5.39% 测算;

n——还款期限,等于运营期 17 年;

$(A/P,i,n)$——资金回收系数,将 i 和 n 代入资金回收系数公式 $\frac{i(1＋i)^n}{(1＋i)^n－1}$。

运营期每年还本付息额为

$$A＝P(A/P,i,n)≈130817.37×\frac{5.39\%×(1＋5.39\%)^{17}}{(1＋5.39\%)^{17}－1}≈11943.80(万元)$$

运营期前两年应付利息及应付本金计算如下所示。

运营期第 1 年应付利息＝运营期第 1 年年初借款余额×贷款年利率
$$≈130817.37×5.39\%≈7051.06(万元)$$

运营期第 1 年应还本金＝运营期每年还本付息额－运营期第 1 年应付利息
$$≈11943.80－7051.06＝4892.74(万元)$$

运营期第 2 年年初借款余额＝运营期第 1 年年初借款余额－运营期第 1 年应还本金
$$≈130817.37－4892.74＝125924.63(万元)$$

运营期第 2 年应付利息＝运营期第 2 年年初借款余额×贷款年利率
$$≈125924.63×5.39\%≈6787.34(万元)$$

项目财务费用主要指运营期的融资利息支出,经计算可得运营期融资利息支出总额为 72227.23 万元,借款还本付息计算表如表 4.9 所示。

(4) 总成本费用。项目运营期内总成本费用计算可参照式(4.14),即

运营期总成本费用＝经营成本＋摊销费＋利息支出
$$＝20961.00＋148062.14＋72227.23＝241250.37(万元)$$

运营期各年总成本费用计算表如表 4.10 所示。

4) 营业收入、税金及附加费用估算

(1) 营业收入。

① 回报模式。

项目为非营利性的公共服务项目,项目公司在项目中投入的资本性支出和运营维护成本适用“可用性付费＋运维绩效付费”的“政府付费”机制取得回报。

$$F_n＝A_n＋B_n$$

表 4.8 无形资产摊销计算表

单位：万元

序号	项 目	摊销年限	原 值	建设期			计算期/年			运 营 期				
				1	2	3	1	2	3	…	15	16	17
1	原值	17	148062.14										
2	当期摊销						8709.54	8709.54	8709.54	…	8709.54	87C9.54	8709.50
3	净值						139352.60	130643.06	121933.52	…	17419.04	8709.50	0.00

表 4.9　借款还本付息计算表（等额还本付息）

单位：万元

序号	项目	合计	建设期			运营期						
			1	2	3	1	2	3	…	15	16	17
1	期初借款余额		0.00	43605.80	87211.60	130817.37	125924.63	120768.17	…	32289.77	22086.39	11333.05
2	本年借款	130817.37	43605.80	43605.80	43605.77				…			
3	当期应计利息	83123.94	1175.18	3588.87	6132.66	7051.06	6787.34	6509.40	…	1740.42	1190.46	610.75
4	当期还本付息	203044.60	0.00	0.00	0.00	11943.80	11943.80	11943.80	…	11943.80	11943.80	11943.80
4.1	其中：还本	130817.37				4892.74	5156.46	5434.40	…	10203.38	10753.34	11333.05
4.2	付息	72227.23				7051.06	6787.34	6509.40	…	1740.42	1190.46	610.75
5	期末借款余额		43605.80	87211.60	130817.37	125924.63	120768.17	115533.77	…	22086.39	11333.05	0.00

计算期/年

表 4.10 总成本费用计算表

单位：万元

序号	项 目	合计	建设期			计算期/年							
						运 营 期							
			1	2	3	1	2	3	…	15	16	17	
1	经营成本	20961.00	—	—	—	1233.00	1233.00	1233.00	…	1233.00	1233.00	1233.00	
2	摊销	148062.14	—	—	—	8709.54	8709.54	8709.54	…	8709.54	8709.54	8709.50	
3	财务费用	72227.23	—	—	—	7051.06	6787.34	6509.40	…	1740.42	1190.46	610.75	
3.1	商业贷款利息	72227.23	—	—	—	7051.06	6787.34	6509.40	…	1740.42	1190.46	610.75	
4	总成本费用	24125 0.37	—	—	—	16693.60	16729.88	16451.94	…	11682.96	11133.00	10553.25	

式中，F_n——运营期第 n 年的政府付费额；

　　A_n——运营期第 n 年的可用性付费额；

　　B_n——运营期第 n 年的运维绩效付费额。

② 年可用性付费额 A_n。

A_n 为年可用性付费额，测算可参照式(1.19)，已知 P 求 A，计算原理同上文财务费用中每年应还本付息额计算，其中：

P＝总投资－政府方出资代表 C 公司出资金额＝163521.71－3270.43＝160251.28（万元）

i 为投资回报率，等于表 4.6 序号 26，合理收益率为 6.35%；

n 为运营年限 17 年。

将上述参数代入年金公式，经计算可得：

$$\text{运营期年可用性付费额 } A_n = P(A/P, i, n) \approx 160251.28 \times \frac{6.35\% \times (1+6.35\%)^{17}}{(1+6.35\%)^{17}-1}$$

$$\approx 15682.48（万元）$$

③ 运维绩效付费 B_n。

　　　年运维绩效付费 B_n＝年运营维护成本×(1＋运营维护回报率)

年运营维护成本和运营维护回报率见表 4.6 序号 8、26，经计算可得：

运营期年运维绩效付费 B_n＝1233.00×(1＋6.35%)×(1＋6.00%)≈1389.98（万元）

项目公司在运营期各年含税营业收入总额即

　　　年政府付费额 F_n≈14794.79＋887.69＋1311.3＋78.68＝17072.46（万元）

(2) 税金及附加税。

税率测算：项目公司营业收入销项税率按 6.00% 测算，工程建设费用进项税率按 9.00% 测算，工程建设其他费进项税率按 6.00% 测算，预备费进项税率按 9.00% 测算。附加税中按增值税的 7.00% 交纳城市维护建设税，按 3.00% 交纳教育费附加，按 2.00% 交纳地方教育费附加。

应纳增值税测算可参照式(4.16)计算，销项税额测算可参照式(4.17)计算，可以抵扣的进项税额测算可参照式(4.19)计算，附加税金测算可参照式(4.25)计算。运营期第 1 年税金计算如下所示。

运营期第 1 年销项税额＝运营期第 1 年含税可用性付费额÷(1＋销项税税率)

　　　×销项税税率＋运营期第一年含税运维绩效付费额

　　　÷(1＋销项税税率)×销项税税率

　　　＝15682.48÷(1＋6.00%)×6.00%＋1389.98

　　　÷(1＋6.00%)×6.00%≈966.37（万元）

运营期第 1 年进项税额＝运营期第 1 年维护成本×进项税税率＝1233.00×6.00%

　　　＝73.98（万元）

可抵扣税额＝工程建设费用÷(1＋进项税税率)×进项税税率＋工程建设其他费

　　　÷(1＋进项税税率)×进项税税率＋预备费÷(1＋进项税税率)

　　　×进项税税率

　　　＝124820.00÷(1＋9.00%)×9.00%＋15903.00÷(1＋6.00%)

　　　×6.00%＋11902.00÷(1＋9.00%)×9.00%

　　　≈12189.14（万元）

运营期第 1 年计算增值税额＝运营期第 1 年销项税额－运营期第 1 年进项税额
$$\approx 966.37 - 73.98 = 892.39(万元)$$

运营期第 1 年应纳增值税＝运营期第 1 年计算增值税－可抵扣税额
$$\approx 892.39 - 12189.14 = -11296.75(万元)$$

因为－11296.75＜0，估算运营期第 1 年应纳增值税＝0。

运营期各年营业收入、税金及附加税计算表如表 4.11 所示。

5）盈利能力分析

（1）利润及利润分配。

① 利润总额。

　　运营期内全部利润总额＝营业收入－总成本费用－附加税金
$$= 273803.53 - 241250.37 - 357.79 = 32195.37(万元)$$

② 所得税。

所得税率以 25％计，应纳税所得额约为 32195.37 万元。
$$整个运营期应纳所得税 \approx 32195.37 \times 25.00\% \approx 8048.84(万元)$$

③ 税后利润。

运营期所得税后净利润＝利润总额－所得税$\approx 32195.37 - 8048.84 = 24146.53(万元)$

按规定提取 10.00％法定盈余公积金后，其余即可用于分配。利润及利润分配表如表 4.12 所示。

（2）总投资收益率、静态投资回收期。

① 总投资收益率。

参照式（2.2），根据表 4.12 序号 17 息税前利润总额，经计算可得：
$$项目总投资收益率＝运营期内年平均息税前利润 \div 总投资$$
$$= (104422.60 \div 17) \div 163521.71 \approx 3.76\%$$

项目总投资收益率小于行业基准收益率，说明技术方案有盈利，项目盈利能力较低。

② 静态投资回收期。

参照式（2.6），根据表 4.13 序号 3、序号 4 可知：

所得税前累计净现金流量首次为正的年数 T 为第 13 年；

技术方案第 $T-1$ 年，即第 12 年所得税前累计净现金流量绝对值约为 10069.90 万元；

第 13 年所得税前净现金流量约为 15839.46 万元；
$$所得税前静态投资回收期 P_t \approx 13-1 + |-10069.90| \div 15839.46 \approx 13(年)$$

同理，可计算出项目所得税后静态投资回收期约为 14 年。项目投资回收期小于计算期，说明投资方案在财务上是可行。

（3）项目投资财务内部收益率、项目投资财务净现值。

① 项目投资财务内部收益率。

参照式（2.9）：
$$FNPV(FIRR) = \sum_{t=1}^{n} (CI - CO)_t (1 + FIRR)^{-t} = 0$$

式中，n——项目计算期，即 20 年；

表 4.11 营业收入、税金及附加税计算表

单位：万元

序号	项 目	合 计	建设期 1	建设期 2	建设期 3	运营期 计算期/年 1	2	3	…	13	14	15	16	17
1	营业收入（不含税）	273803.53	—	—	—	16106.09	16106.09	16106.09	…	16106.09	16106.09	16106.09	16106.09	16106.09
1.1	可用性服务费	251511.43	—	—	—	14794.79	14794.79	14794.79	…	14794.79	14794.79	14794.79	14794.79	14794.79
1.2	可用性服务费销项税额	15090.73	—	—	—	887.69	887.69	887.69	…	887.69	887.69	887.69	887.69	887.69
1.3	运维服务费	22292.10	—	—	—	1311.30	1311.30	1311.30	…	1311.30	1311.30	1311.30	1311.30	1311.30
1.4	运维服务费销项税额	1337.56	—	—	—	78.68	78.68	78.68	…	78.68	78.68	78.68	78.68	78.68
2	实缴增值税	2981.49	—	—	—	0.00	0.00	0.00	…	0.00	304.32	892.39	892.39	892.39
2.1	计算增值税额	15170.63	—	—	—	892.39	892.39	892.39	…	892.39	892.39	892.39	892.39	892.39
2.2	销项税额	16428.29	—	—	—	966.37	966.37	966.37	…	966.37	966.37	966.37	966.37	966.37
2.3	进项税额	1257.66	—	—	—	73.98	73.98	73.98	…	73.98	73.98	73.98	73.98	73.98
2.4	抵扣额	12189.14	—	—	—	892.39	892.39	892.39	…	892.39	588.07	0.00	0.00	0.00
3	附加税	357.79	—	—	—	0.00	0.00	0.00	…	0.00	36.52	107.09	107.09	107.09
3.1	城市维护建设税	208.71	—	—	—	0.00	0.00	0.00	…	0.00	21.30	62.47	62.47	62.47
3.2	教育费附加	89.44	—	—	—	0.00	0.00	0.00	…	0.00	9.13	26.77	26.77	26.77
3.3	地方教育费附加	59.64	—	—	—	0.00	0.00	0.00	…	0.00	6.09	17.85	17.85	17.85

表 4.12 利润及利润分配表

单位：万元

序号	项 目	合 计	建设期 1	建设期 2	建设期 3	运营期/计算期 年 1	2	3	…	13	14	15	16	17
1	营业收入	273803.53	—	—	—	16106.09	16106.09	16106.09	…	16106.09	16106.09	16106.09	16106.09	16106.09
2	税金附加	357.79	—	—	—	0.00	0.00	0.00	…	0.00	36.52	107.09	107.09	107.09
3	总成本费用	241250.37	—	—	—	16993.60	16729.88	16451.94	…	12699.94	12204.79	11682.96	11133.00	10553.25
4	补贴收入	0.00	—	—	—	0.00	0.00	0.00	…	0.00	0.00	0.00	0.00	0.00
5	利润总额	32195.37	—	—	—	−887.51	−623.79	−345.85	…	3406.15	3864.78	4316.04	4866.00	5445.75
6	弥补以前年度亏损	1910.09	—	—	—	0.00	0.00	0.00	…	0.00	0.00	0.00	0.00	0.00
7	应纳税所得额	32195.37	—	—	—	0.00	0.00	0.00	…	3406.15	3864.78	4316.04	4866.00	5445.75
8	所得税	8048.84	—	—	—	0.00	0.00	0.00	…	851.54	966.20	1079.01	1216.50	1361.44
9	净利润	24146.53	—	—	—	−887.51	−623.79	−345.85	…	2554.61	2898.59	3237.03	3649.50	4084.31
10	期初未分配利润	−9042.85	—	—	—	0.00	−887.51	−1511.30	…	0.00	0.00	0.00	0.00	0.00
11	可供分配的利润	15103.68	—	—	—	−887.51	−1511.30	−1857.15	…	2554.62	2898.59	3237.03	3649.51	4084.32
12	提取法定盈余公积金	2414.64	—	—	—	0.00	0.00	0.00	…	255.46	289.86	323.70	364.95	408.43
13	可供投资分配的利润	21731.89	—	—	—	0.00	0.00	0.00	…	2299.16	2608.73	2913.33	3284.56	3675.88
14	提取任意盈余公积金	1086.60	—	—	—	0.00	0.00	0.00	…	114.96	130.44	145.67	164.23	183.79
15	投资方利润分配	20645.29	—	—	—	0.00	0.00	0.00	…	2184.20	2478.29	2767.66	3120.33	3492.09
16	未分配利润	−9042.85	—	—	—	−887.51	−1511.30	−1857.15	…	0.00	0.00	0.00	0.00	0.00
17	息税前利润	104422.60	—	—	—	6163.55	6163.55	6163.55	…	6163.55	6127.03	6056.46	6056.46	6055.50
18	息税折旧摊销前利润	252484.74	—	—	—	14873.09	14873.09	14873.09	…	14873.09	14836.57	14766.00	14766.00	14766.00

CI——计算期第 t 年现金流入量,具体金额详见表 4.13 序号 1;

CO——计算期第 t 年现金流出量,由建设投资和经营成本、增值税和税金附加组成,具体金额详见表 4.13 序号 2;

$(CI-CO)_t$——计算期第 t 年净现金流量,计算期各年所得税前净现金流量具体金额详见表 4.13 序号 3。

财务内部收益率可根据现金流量表中净现金流量,用试差法计算,也可采用专用软件的财务函数计算。本项目采用财务函数公式 IRR 计算,经计算可得项目所得税前投资财务内部收益率为 6.29%。

计算期各年调整所得税=计算期各年息税前利润(具体金额详见表 4.12 序号 7)

$$\times 所得税税率(为 25.00\%)$$

计算期各年所得税后净现金流量=计算期各年所得税前净现金流量-计算期各年调整所得税,具体金额详见表 4.13 序号 6。

同理,可计算出所得税后项目投资财务内部收益率为 5.05%。

项目投资财务内部收益率大于基准收益率($i_c=4.00\%$),说明项目技术方案在财务上是可行的。

② 财务净现值。

参照式(2.7):

$$FNPV=\sum_{t=1}^{n}(CI-CO)_t(1+i_c)^{-t}$$

式中,n——项目计算期 20 年;

i_c——折现率,取值参照表 4.6 序号 22 按照 4% 进项测算。

根据表 4.13 序号 3 和 6 净现金流量以及财务净现值函数公式可计算出:项目所得税前投资财务净现值约为 30018.42 万元,所得税后财务净现值约为 13396.18 万元。项目财务净现值大于 0,说明项目技术方案除满足基准收益率($i_c=4.00\%$)要求的盈利外,还可以获得超额收益,技术方案在财务上是可行的。项目投资现金流量表如表 4.13 所示。

(4) 资本金净利润率和社会资本方资本金财务内部收益率。

① 资本金净利润率。

参照式(2.3),根据表 4.12 序号 9 的净利润总额,可计算出:

项目社会资本方资本金净利润率=运营期内年平均净利润÷社会资本方资本金×100%

$$=(24146.53÷17)÷29433.91×100\%≈4.83\%$$

项目资本金净利润率大于行业基准收益率,说明技术方案盈利能力较好。

② 社会资本方资本金财务内部收益率。

参照式(2.8),根据表 4.14 序号 3 和 6 和项目投资财务内部收益率计算原理,可计算得出:所得税前社会资本方资本金财务内部收益率为 9.32%,所得税后社会资本方资本金财务内部收益率为 8.11%。社会资本方资本金财务内部收益率大于行业基准收益率,说明在该融资方案下,技术方案资本金获利水平较高,该融资方案是可以接受的。社会资本方资本金现金流量表如表 4.14 所示。

表4.13　项目投资现金流量表

单位：万元

序号	项目	合计	建设期			计算期/年 运营期								
			1	2	3	1	2	...	9	10	11	12	...	17
1	现金流入	293502.25	0.00	0.00	0.00	17072.46	17072.46	...	17072.46	17072.46	17072.46	17072.46	...	20342.89
1.1	营业收入	273803.53	0.00	0.00	0.00	16106.09	16106.09	...	16106.09	16106.09	16106.09	16106.09	...	16106.09
1.2	增值税销项税额	16428.29	0.00	0.00	0.00	966.37	966.37	...	966.37	966.37	966.37	966.37	...	966.37
1.3	回收固定资产余值	3270.43	—	—	—	—	—	...	—	—	—	—	...	3270.43
1.4	回收流动资金		0.00	0.00	0.00	0.00	0.00	...	0.00	0.00	0.00	0.00	...	0.00
2	现金流出	176925.28	50875.00	50875.00	50875.00	1233.00	1233.00	...	1233.00	1233.00	1233.00	1233.00	...	2232.47
2.1	建设投资	152625.00	50875.00	50875.00	50875.00	0.00	0.00	...	0.00	0.00	0.00	0.00	...	0.00
2.1.1	工程建设费用	124820.00	41606.67	41606.67	41606.67	0.00	0.00	...	0.00	0.00	0.00	0.00	...	0.00
2.1.2	工程建设其他费用	15903.00	5301.00	5301.00	5301.00	0.00	0.00	...	0.00	0.00	0.00	0.00	...	0.00
2.1.3	预备费	11902.00	3967.33	3967.33	3967.34	0.00	0.00	...	0.00	0.00	0.00	0.00	...	0.00
2.2	经营成本	20961.00	0.00	0.00	0.00	1233.00	1233.00	...	1233.00	1233.00	1233.00	1233.00	...	1233.00
2.3	增值税	2981.49	0.00	0.00	0.00	0.00	0.00	...	0.00	0.00	0.00	0.00	...	892.39
2.4	税金附加	357.79	0.00	0.00	0.00	0.00	0.00	...	0.00	0.00	0.00	0.00	...	107.09
3	所得税前净现金流量	116576.98	-50875.00	-50875.00	-50875.00	15839.46	15839.46	...	15839.46	15839.46	15839.46	15839.46	...	18110.42
4	累计所得税前净现金流量		-50875.00	-101750.00	-152625.00	-136785.54	-120946.08	...	-10069.90	5769.56	21609.01	37448.47	...	116576.93
5	调整所得税	26105.65	0.00	0.00	0.00	1540.89	1540.89	...	1540.89	1540.89	1540.89	1540.89	...	1514.13
6	所得税后净现金流量	90471.33	-50875.00	-50875.00	-50875.00	14298.57	14298.57	...	14298.57	14298.57	14298.57	14298.57	...	16596.29
7	累计所得税后净现金流量		-50875.00	-101750.00	-152625.00	-138326.43	-124027.86	...	-23937.88	-9639.32	4659.25	18957.82	...	90471.28

所得税前计算指标：
项目投资财务内部收益率：6.29%
项目投资财务净现值（i=4%，万元）：30018.42
项目静态投资回收期（年）：13
项目动态投资回收期（年）：16

所得税后计算指标：
项目投资财务内部收益率：5.05%
项目投资财务净现值（i=4%，万元）：13396.18
项目静态投资回收期（年）：14
项目动态投资回收期（年）：18

表4.14 社会资本方资本金现金流量表

序号	项 目	合 计	建 设 期			运 营 期							
---	---	---	1	2	3	1	2	...	7	8	...	16	17
1	现金流入	290231.82	0.00	0.00	0.00	17072.46	17072.46	...	17072.46	17072.46	...	17072.46	17072.46
1.1	政府付费收入	290231.82	0.00	0.00	0.00	17072.46	17072.46	...	17072.46	17072.46	...	17072.46	17072.46
2	现金流出	256778.80	7354.24	9767.93	12311.75	13176.80	13176.80	...	13176.80	13176.80	...	14176.28	14176.28
2.1	资本金流出	29433.92	7354.24	9767.93	12311.75	0.00	0.00	...	0.00	0.00	...	0.00	0.00
2.2	借款本息流出	203044.60	0.00	0.00	0.00	11943.80	11943.80	...	11943.80	11943.80	...	11943.80	11943.80
2.2.1	借款利息偿还	72227.23	0.00	0.00	0.00	7051.06	6787.34	...	5239.57	4878.21	...	1190.46	610.75
2.2.2	借款本金偿还	130817.37	0.00	0.00	0.00	4892.74	5156.46	...	6704.23	7065.59	...	10753.34	11333.05
2.3	运营维护成本流出	20961.00	0.00	0.00	0.00	1233.00	1233.00	...	1233.00	1233.00	...	1233.00	1233.00
2.4	应缴增值税及附加流出	3339.28	0.00	0.00	0.00	0.00	0.00	...	0.00	0.00	...	999.48	999.48
3	所得税前净现金流量(1+2)	33453.02	-7354.24	-9767.93	-12311.75	3895.66	3895.66	...	3895.66	3895.66	...	2896.18	2896.18
4	累计所得税前净现金流量		-7354.24	-17122.17	-29433.92	-25538.25	-21642.60	...	-2164.30	1731.36	...	30556.84	33453.02
5	所得税	8048.84	0.00	0.00	0.00	0.00	0.00	...	0.00	284.02	...	1216.50	1361.44
6	所得税后净现金流量(3+4+5)	25404.18	-7354.24	-9767.93	-12311.75	3895.66	3895.66	...	3895.66	3611.64	...	1679.68	1534.74
7	累计所得税后净现金流量		-7354.24	-17122.17	-29433.92	-25538.26	-21642.60	...	-2164.30	1447.34	...	23869.44	25404.18

所得税前计算指标：
项目投资财务内部收益率：9.32%
项目投资财务净现值(i=4%,万元)：13486.10

所得税后计算指标：
项目投资财务内部收益率：8.11%
项目投资财务净现值(i=4%,万元)：9281.81
项目静态投资回收期(年)：11
项目动态投资回收期(年)：13

（5）项目主要财务指标如表 4.15 所示。

表 4.15 项目主要财务指标表

序号	项　目	单位	指标值
1	总投资	万元	163521.71
2	总收入	万元	273803.53
3	总成本	万元	241250.37
4	增值税	万元	2981.49
5	增值税附加	万元	357.79
6	利润总额	万元	32195.37
7	所得税	万元	8048.84
8	净利润	万元	24146.53
9	内部收益率		
9.1	全投资财务内部收益率(税前)	％	6.29％
9.2	全投资财务内部收益率(税后)	％	5.05％
9.3	社会资本方资本金财务内部收益率(税前)	％	9.32％
9.4	社会资本方资本金财务内部收益率(税后)	％	8.11％

6）投资方 B 企业投资现金流量表

（1）B 企业作为投资方，投入资本金约为 6540.87 万元。

分配投资收益＝净利润×股权比例＝24146.53×20.00％÷90.00％≈5365.90（万元）

资金成本＝投入资本金×B 企业单位资金成本×资金占用期限

$\qquad$＝6540.87×4.00％×20≈5232.70（万元）

股权投资收益＝分配投资收益－资金成本≈5365.90－5232.70＝133.20（万元）

（2）B 企业作为项目总包单位。

可获得工程收益按照工程建设费用为 124820.00 万元，建设成本为 105472.91 万元，税金成本为 1397.97 万元计算。

工程收益＝工程建设费用－建设成本－税金成本＝124820.00－105472.91－1397.97

$\qquad$＝17949.12（万元）

B 企业综合净收益＝股权投资收益＋工程收益＝133.20＋17949.12＝18082.32（万元）

净收益率＝综合净收益÷不含税收入＝18082.32÷[124820.00÷(1＋9.00％)]×100％

$\qquad$≈15.79％

B 企业净收益率大于行业基准收益率，说明技术方案可使 B 企业获得较好的收益。投资方 B 企业现金流量表如表 4.16 所示。

7）财务计划现金流量表

项目技术方案计算期各年的投资、融资和经营融资以及经营活动所产生的现金流入、流出、净现金流量和累计盈余资金情况如表 4.17 所示。

表 4.16 投资方 B 企业现金流量表

单位：万元

序号	项目	合计	建设期			运营期						
			1	2	3	1	2	3	…	15	16	17
1	现金流入	131494.07	41606.67	41606.67	41606.66	—	—	—	…	—	—	6674.07
1.1	工程建设费用(建安费收入)	124820.00	41606.67	41606.67	41606.66	—	—	—	…	—	—	6674.07
1.2	设计费收入	0.00	0.00	0.00	0.00	—	—	—	…	—	—	0.00
1.3	资本金回收收入	6540.87	—	—	—	—	—	—	…	—	—	6540.87
1.4	股权投资收益	133.20	—	—	—	—	—	—	…	—	—	133.20
2	现金流出	113411.75	37803.92	37803.92	37803.91	—	—	—	…	—	—	—
2.1	项目资本金	6540.87	2180.29	2180.29	2180.29	—	—	—	…	—	—	—
2.2	建安成本支出	105472.91	35157.64	35157.64	35157.63	—	—	—	…	—	—	—
2.3	实缴增值税及附加税	1397.97	465.99	465.99	466.00	—	—	—	…	—	—	—
3	所得税前净现金流量(1+2)	18082.32	3802.75	3802.75	3802.75	—	—	—	…	—	—	6674.07
4	累计所得税前净现金流量	18082.32	3802.75	7605.50	11408.25	11408.25	11408.25	11408.25	…	11408.25	11408.25	18082.32
5	所得税	2852.07	950.69	950.69	950.69	—	—	—	…	—	—	—
6	所得税后净现金流量(3+5)	15230.25	2852.06	2852.06	2852.06	—	—	—	…	—	—	6674.07
7	累计所得税后净现金流量	15230.25	2852.06	5704.13	8556.19	8556.19	8556.19	8556.19	…	8556.19	8556.19	15230.25

B企业施工利润率：15.67%
B企业施工利润(万元)：1749.12
B企业投资成本(万元)：5232.70
B企业股权投资收益(万元)：133.20
B企业所得税后收益(万元)：18082.32
B企业综合收益率：15.79%
B企业工程建设收入(万元)：114513.76
杠杆率：19.08

工程经济

表 4.17　财务计划现金流量表

单位：万元

计算期/年

序号	项目	合计	建设期			运营期						
			1	2	3	1	2	3	…	15	16	17
1	经营活动净现金流量	256625.04	—	—	—	15765.48	15765.48	15765.48	…	13687.00	13549.51	13304.57
1.1	现金流入	290231.82	—	—	—	17072.46	17072.46	17072.46	…	17072.46	17072.46	17072.46
1.1.1	营业收入	273803.53	—	—	—	16106.09	16106.09	16106.09	…	16106.09	16106.09	16106.09
1.1.2	增值税销项税额	16428.29	—	—	—	966.37	966.37	966.37	…	966.37	966.37	966.37
1.1.3	补贴收入	0.00	—	—	—	0.00	0.00	0.00	…	0.00	0.00	0.00
1.1.4	其他流入	0.00	—	—	—	0.00	0.00	0.00	…	0.00	0.00	0.00
1.2	现金流出	33606.78	—	—	—	1306.98	1306.98	1306.98	…	3385.46	3522.95	3667.89
1.2.1	经营成本	20961.00	—	—	—	1233.00	1233.00	1233.00	…	1233.00	1233.00	1233.00
1.2.2	增值税进项税额	1257.66	—	—	—	73.98	73.98	73.98	…	73.98	73.98	73.98
1.2.3	税金附加	357.79	—	—	—	0.00	0.00	0.00	…	107.09	107.09	107.09
1.2.4	增值税	2981.49	—	—	—	0.00	0.00	0.00	…	892.39	892.39	892.39
1.2.5	所得税	8048.84	—	—	—	0.00	0.00	0.00	…	1079.01	1216.50	1361.44
1.2.6	其他流出	0.00	—	—	—	0.00	0.00	0.00	…	0.00	0.00	0.00
2	投资活动净现金流量	-152625.00	-50875.00	-50875.00	-50875.00	0.00	0.00	0.00	…	0.00	0.00	0.00
2.1	现金流入	0.00	0.00	0.00	0.00	0.00	0.00	0.00	…	0.00	0.00	0.00
2.2	现金流出	152625.00	50875.00	50875.00	50875.00	0.00	0.00	0.00	…	0.00	0.00	0.00
2.2.1	建设投资	152625.00	50875.00	50875.00	50875.00	0.00	0.00	0.00	…	0.00	0.00	0.00
2.2.1.1	工程建设费用(建安成本)	124820.00	41606.67	41606.67	41606.66	—	—	—	…	—	—	—
2.2.1.2	工程建设其他费用	15903.00	5301.00	5301.00	5301.00	—	—	—	…	—	—	—
2.2.1.3	预备费	11902.00	3967.33	3967.33	3967.34	0.00	0.00	0.00	…	0.00	0.00	0.00
2.2.2	利润分配	0.00	0.00	0.00	0.00	0.00	0.00	0.00	…	0.00	0.00	0.00

序号	项目	合计	建设期 1	建设期 2	建设期 3	运营期 1	运营期 2	运营期 3	…	15	16	17
3	筹资活动净现金流量	-79853.51	53332.07	50918.38	4874.55	-11943.80	-11943.80	-11943.80	…	-11943.80	-11943.80	-41377.71
3.1	现金流入	163521.71	54507.25	54507.25	54507.21	—	—	—	…	—	—	—
3.1.1	项目资本金投入	32704.34	10901.45	10901.45	10901.44	—	—	—	…	—	—	—
3.1.1.1	注册资本金注入	32704.34	10901.45	10901.45	10901.44	—	—	—	…	—	—	—
	C公司	3270.43	1090.15	1090.15	1090.13	—	—	—	…	—	—	—
	B企业	6540.87	2180.29	2180.29	2180.29	—	—	—	…	—	—	—
	A企业	22893.04	7631.02	7631.02	7631.00	—	—	—	…	—	—	—
3.1.1.2	资本公积注入	0.00	0.00	0.00	0.00	—	—	—	…	—	—	—
	C公司	0.00	0.00	0.00	0.00	—	—	—	…	—	—	—
	B企业	0.00	0.00	0.00	0.00	—	—	—	…	—	—	—
	A企业	0.00	0.00	0.00	0.00	—	—	—	…	—	—	—
3.1.2	建设投资借款	130817.37	43605.80	43605.80	43605.77	—	—	—	…	—	—	—
3.2	现金流出	243375.22	1175.18	3588.87	6132.66	11943.80	11943.80	11943.80	…	11943.80	11943.80	41377.71
3.2.1	各种利息支出	83123.94	1175.18	3588.87	6132.66	7051.06	6787.34	6509.40	…	1740.42	1190.46	610.75
3.2.1.1	银行贷款利息支出	83123.94	1175.18	3588.87	6132.66	7051.06	6787.34	6509.40	…	1740.42	1190.46	610.75
3.2.1.2	基金利息支出	0.00	0.00	0.00	0.00	0.00	0.00	0.00	…	0.00	0.00	0.00
3.2.2	偿还债务本金	130817.37	0.00	0.00	0.00	4892.74	5156.46	5434.40	…	10203.38	10753.34	11333.05
3.2.3	偿还项目资本金	29433.91	2457.07	43.38	-2500.45	0.00	0.00	0.00	…	0.00	0.00	29433.91
4	净现金流量	24146.53	2457.07	2500.45	0.00	3821.68	3821.68	3821.68	…	1743.19	1605.70	-27973.15
5	累计盈余资金	—	2457.07	2500.45	0.00	3821.68	7643.36	11465.04	…	50513.98	52119.68	24146.53

习　题

一、单项选择题

1. 技术方案现金流量表按其评价的角度不同分类,其中不包括(　　)。【2005 年】

    A. 投资现金流量表

    B. 资本金现金流量

    C. 投资各方现金流量

    D. 项目差额财务现金流量表

2. 属于资本金现金流量表中现金流出构成的是(　　)。【2016 年】

    A. 建设投资   B. 借款本金偿还

    C. 流动资金   D. 调整所得税

3. 以技术方案建设所需的总投资作为计算基础,反映技术方案整个计算期内现金流入和流出的现金流量表是(　　)。【2013 年】

    A. 资本金现金流量表   B. 投资各方现金流量表

    C. 财务计划现金流量表   D. 投资现金流量表

4. 能够反映技术方案计算期内各年的投资、融资及经营活动的现金流入和流出,用于计算累计盈余资金,分析技术方案生存能力的现金流量表是(　　)。【2009 年】

    A. 资本金现金流量表   B. 投资各方现金流量表

    C. 财务计划现金流量表   D. 投资现金流量表

5. 根据投资现金流量表计算技术方案的财务内部收益率时,若要提高所得税后的财务内部收益率指标值,通常可以采用的做法是(　　)。【2019 年】

    A. 提高资本金比例   B. 提高借款比例

    C. 缩短建设工期   D. 降低借款利率

6. 已知某技术方案的年总成本费用为 2000 万元,年销售费用、管理费用合计为总成本费用的 15%,年折旧费用为 200 万元,年摊销费为 50 万元,年利息支出为 100 万元,则该技术方案的年经营成本为(　　)万元。【2013 年】

    A. 1750   B. 1650   C. 1350   D. 650

7. 某项目建设投资为 5000 万元,其中自有资金 4000 万元,借款 1000 万元,借款年利率为 5%。流动资金 1000 万元全部为借款,借款年利率为 4%,建设期只计息不付息。编制资本金现金流量表时,建设期现金流出的金额是(　　)万元。【2021 年】

    A. 2000   B. 4090   C. 4000   D. 6000

8. 下列现金流量中,属于资本金现金流量表中现金流出的是(　　)。【2022 年】

    A. 实分利润   B. 销项税额   C. 建设投资   D. 借款利息支付

9. 关于技术方案资本金的说法,正确的是(　　)。【2022 年补考】

    A. 技术方案的资本金晚于负债受偿

    B. 投资者可以以任何方式抽回资本金

C. 技术方案资本金只能以现金方式出资

D. 技术方案资本金是指企业实体的注册资金

二、多项选择题

1. 资本金现金流量表中,作为现金流出的项目有( )。【2014 年】

A. 借款本金偿还 B. 回收固定资产余值

C. 回收流动资金 D. 借款利息支付

E. 经营成本

2. 下列属于投资各方现金流量表构成要素的有( )。【2015 年】

A. 回收流动资金 B. 实缴资本

C. 借款本息支付 D. 实分利润

E. 租赁费收入

3. 下列财务计划现金流量表的项目中属于筹资活动现金流量的有( )。【2020 年】

A. 建设投资借款 B. 补贴收入

C. 流动资金借款 D. 支付股利

E. 维持运营投资

4. 技术方案资本金的出资方式除现金外,还可以采用的出资形态包括经过有资格的资产评估机构评估作价后的( )。【2018 年】

A. 实物 B. 工业产权

C. 非专利技术 D. 土地使用权

E. 股票

5. 下列成本费用项目中,属于经营成本的有( )。【2019 年】

A. 折旧费 B. 工资及福利费

C. 摊销费 D. 利息支出

E. 修理费

6. 下列财务计划现金流量表的构成项中,属于投资活动净现金流量的有( )。【2021 年】

A. 建设投资借款 B. 建设投资

C. 维持运营投资 D. 偿还债务本金

E. 流动资金

7. 下列成本费用中,属于技术方案现金流量表中经营成本的有( )。【2022 年】

A. 折旧费 B. 外购原材料

C. 工资及福利费 D. 修理费

E. 利息支出

8. 下列费用项目中,属于投资现金流量表中现金流出项的是( )。【2022 年补考】

A. 建设投资 B. 流动资金 C. 借款本金偿还

D. 借款利息支付 E. 经营成本

三、简答题

1. 什么是投资现金流量表?

2. 什么是资本金现金流量表？

3. 什么是财务计划现金流量表？

4. 简述技术方案资本金的特点。

5. 技术方案资本金的出资方式都有哪些？

6. 维持运营投资是否能予以资本化？

7. 写出经营成本的计算式。

8. 什么是城镇土地使用税？

第 5 章　设备更新与租赁分析

设备更新是指用新的效率更高、更经济合理的设备，去更换技术上陈旧、落后或经济上不宜继续使用的设备的活动。它是保证社会再生产正常进行的必要条件，有设备原型更新和新型设备更新两种类型。随着新工艺、新技术、新机具、新材料的不断涌现，工程施工在更大的深度和广度上实现了机械化，施工机械设备已成为施工企业生产力不可或缺的重要组成部分。因此，建筑施工企业都存在着如何使企业的技术结构合理化，如何使企业设备利用率、机械效率和设备运营成本等指标保持良好状态的问题，这就必须对设备磨损的类型及补偿方式、设备更新方案的比选进行科学的技术经济分析。

5.1　设备磨损与补偿

5.1.1　设备磨损的类型

设备是企业生产的重要物质条件，企业为了进行生产，必须花费一定的投资，用于购置各种生产设备。设备购置完成后，无论是在使用还是闲置，均会发生磨损。设备磨损分为两大类，包括四种形式，如图 5.1 所示。

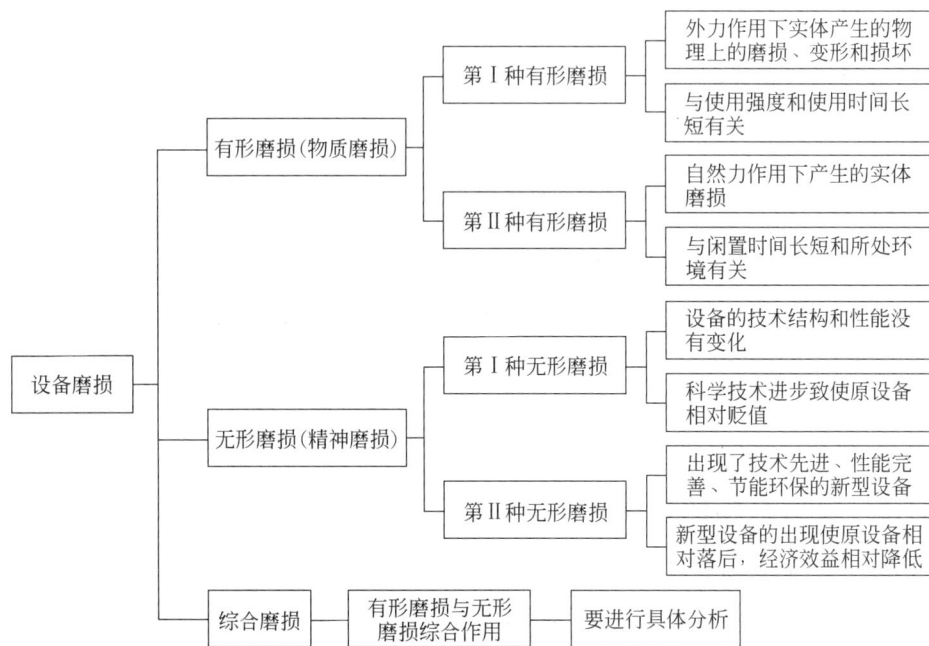

图 5.1　设备磨损的分类

1. 有形磨损(又称物质磨损)

(1) 设备在使用过程中,在外力的作用下实体产生的物理上的磨损、变形和损坏,称为第Ⅰ种有形磨损,这种磨损的程度主要与使用强度和使用时间长短有关。

(2) 设备在闲置过程中在自然力的作用下而产生的实体磨损,如橡胶件老化、金属件生锈、腐蚀等,称为第Ⅱ种有形磨损,这种磨损与闲置的时间长短和所处环境有关。

有形磨损会造成设备的性能、精度等的降低,会使设备的运行费用及维修费用增加,效率降低,反映了设备使用价值的降低。

2. 无形磨损(又称精神磨损)

设备无形磨损是指设备或固定资产由于科学技术的进步而引起的贬值,是技术进步的结果,无形磨损又有两种形式。

(1) 设备的技术结构和性能并没有变化,但由于技术进步,设备制造工艺不断改进,社会劳动生产率水平提高,同类设备的再生产价值降低,因而设备的市场价格也降低了,致使原设备相对贬值。这种磨损称为第Ⅰ种无形磨损。这种无形磨损是由于设备制造部门的劳动生产率提高,使具有原技术结构和经济性能的机器设备的再生产费用降低而引起设备贬值,这类磨损不影响其使用性能。因此,不产生提前更换现有设备的问题。

(2) 第Ⅱ种无形磨损是由于科学技术的进步,不断创新出结构更先进、性能更完善、效率更高、耗费原材料和能源更少的新型设备,使原有设备相对陈旧落后,其经济效益相对降低而发生贬值。第Ⅱ种无形磨损的后果不仅是使原有设备价值降低,而且由于技术上更先进的新设备的发明和应用会使原有设备的使用价值局部或全部丧失,从而影响企业的经济效益,这就要考虑是否用新设备代替现有陈旧落后设备的问题。

有形磨损和无形磨损都会引起设备原始价值的贬值,在这点上两者是相同的。不同的是,遭受有形磨损的设备,在修理完成之前,无法正常工作;而遭受无形磨损的设备,并没有发生设备实体的变化或损坏,尽管无形磨损很严重,但其固定资产物质形态却可能没有磨损或变形,仍然可以正常使用,只不过要考虑继续使用它在经济上是否合算。

3. 综合磨损

设备的综合磨损是指在有效的使用时间内存在有形磨损和无形磨损的损坏和贬值的总和,是有形磨损和无形磨损同时存在的情况。对任何特定的设备来说,两种磨损经常同时发生和互相影响。某些方面的技术要求可能加快设备有形磨损的速度,如高强度、高速度、大负荷技术的发展,会使设备的物质磨损加剧。同时,一方面,一些科学技术的进步生产出了耐热、耐磨、耐腐蚀、强度高的新材料,能有效减缓设备的有形磨损;另一方面,其无形磨损却又加快。因此,针对设备的综合磨损要综合考虑继续使用设备在经济上是否合算。

5.1.2 设备磨损的补偿方式

设备发生磨损后,需要对其进行补偿,以使设备重新达到生产能力。设备遭受磨损的形式不同,补偿磨损的方式也不一样。补偿分为局部补偿和完全补偿两种。设备有形磨损的局部补偿是进行修理,设备无形磨损的局部补偿是进行现代化改装。设备有形磨损和无形磨损的完全补偿是更新换代,如图 5.2 所示。设备大修理是更换已磨损的部分零部件和调整设备,主要是为了恢复设备的生产功能和效率;设备现代化改造是对设备的落后结构作局部的改进和技术上的革新,如增添新的、必需的零部件,主要是为了增加设备的生产功能和效率;更新则是对整个设备进行全套更换。

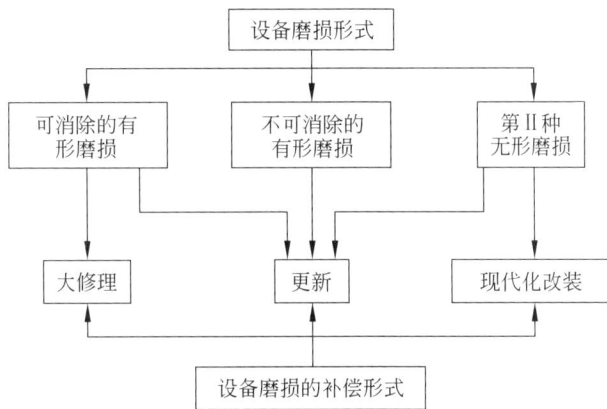

图 5.2　设备磨损的补偿

由于设备往往是同时遭受到有形磨损和无形磨损,因此,对其综合磨损后的补偿形式需进行更深入细致的分析研究,从而选择恰当的补偿方式。对于已经相对落后的设备,即能耗高、性能差、效率低下、操作不好、造成环境污染严重的设备,应当使用合适的、较先进的设备尽早替代;对整机性能尚可,只是存在局部缺陷或个别技术经济指标相对落后的设备,可吸收国内外的新技术,不断地加以改造和现代化改装。在设备磨损补偿工作中,最好的方案是有形磨损期与无形磨损期比较接近,这是一种理想的"无维修设计"(即当设备需要进行大修理时,恰好到了更换的时刻)。但是大多数的设备,通常通过修理可以使有形磨损期达到 20～30 年甚至更长,但无形磨损期却比较短。在这种情况下,就存在如何处理已经无形磨损但物质上还可以使用的设备的问题。此外还应看到,第 Ⅱ 种无形磨损虽使设备贬值,但它是社会科技进步的反映,这种磨损越大,表示社会技术进步越快。因此应该充分重视对设备磨损规律性的研究,加速技术革新的步伐。

5.2　设备更新的概念与方案的比选原则

5.2.1　设备更新的概念

设备原型更新(又称简单更新、形式更新)是指用同型号的设备以新换旧。这种更新能保证原有产品质量以及减轻修理工作量,但不能大幅度地提高企业经济效益,不具有更新技术的性质。新型设备更新是指以技术上更加先进,经济上更加合理的新设备来代替物质上、经济上不能继续使用的陈旧设备,这是设备更新的主要形式。通过这种更新可以实现技术进步,提高企业生产的现代化水平,形成新的生产能力,增加经济效益。通常所说的设备更新主要是指新型设备更新,它是技术发展的基础。因此,就实物形态而言,设备更新是用新的设备替换陈旧落后的设备;就价值形态而言,设备更新是对设备在运动中消耗掉的价值的重新补偿。设备更新是消除设备有形磨损和无形磨损的重要手段,目的是提高企业生产的现代化水平,尽快地形成新的生产能力,提高企业经济效益。

5.2.2　设备更新策略

由于对设备更新的要求不同,在实际工作中可以采用不同的设备更新形式。

(1) 设备的原型更新(或叫简单更新)。指设备已磨损到不能继续使用的程度时,以相同的设备进行替换。

(2) 设备的技术改造(或叫现代化改造)。指采用先进技术改变现有设备的结构或给旧设备装上自动上下料、自动测量、自动控制等装置,改善现有设备的性能,使之达到或局部达到新设备的水平。

(3) 设备的技术更新。指以技术上更加先进、经济上更加合理的新设备,换下工艺落后、技术陈旧的老设备。

上述设备更新的三种形式,都有它存在的一定客观必要和约束条件,因此,它们之间是互相补充的关系。但是,其中以技术改造与技术更新为主要形式。在设备更新过程中,要把设备的更新改造同加强对原有设备的维护修理结合起来。在一般情况下,现有设备是完成生产任务的主力,因此,要加强对现有设备的管理,做好维护修理工作。在设备更新时,要合理地处理老设备。因设备更新而退役的老设备,凡降级转用的,必须符合新用途的工艺要求,不得造成产品质量下降和消耗增加;不宜转用的老设备应当报废。

设备更新分析是企业生产发展和技术进步的客观需要,对企业的经济效益有着重要的影响。过早的设备更新,无论是由于设备暂时出故障就报废的草率决定,还是片面追求现代化购买最新型设备的决定,都将造成资金的浪费,失去其他的收益机会;对一个资金十分紧张的企业可能走向另一个极端,采取拖延设备的更新,这将造成生产成本的迅速上升,失去竞争的优势。因此,设备是否更新?何时更新?选用何种设备更新?既要考虑技术发展的需要,又要考虑经济方面的效益。这就需要建造师不失时机地做好设备更新分析工作,采取适宜的设备更新策略。

设备更新策略应在系统全面了解企业现有设备的性能、磨损程度、服务年限、技术进步等情况后,分轻重缓急,有重点有区别地对待。凡修复比较合理的,不应过早更新;可以修中有改进,通过改进工装(生产过程的工艺装备)就能使设备满足生产技术要求的不要急于更新;更新个别关键零部件就可达到要求的,不必更换整台设备;更换单机能满足要求的,不必更换整条生产线。通常优先考虑更新的设备如下。

(1) 设备损耗严重,大修后性能、精度仍不能满足规定工艺要求的。

(2) 设备耗损虽在允许范围之内,但技术已经陈旧落后,能耗高、使用操作条件不好、对环境污染严重,技术经济效果很不好的。

(3) 设备役龄长,大修虽然能恢复精度,但经济效果上不如更新的。

5.2.3　设备更新方案的比选原则

确定设备更新必须进行技术经济分析。设备更新方案比选的基本原理和评价方法与互斥性投资方案比选相同。但在实际设备更新方案比选时,应遵循以下原则。

(1) 设备更新分析应站在客观的立场分析问题,不要简单地按照新、旧设备方案的直接现金流量进行比较。设备更新问题的要点是站在客观的立场上,而不是站在旧设备的立场上考虑问题。

(2) 不考虑沉没成本。沉没成本是过去已支付的靠今后决策无法回收的已经计入过去投资费用的金额。由于沉没成本是已经发生的费用,不管企业生产什么和生产多少,这项费用都不可避免地要发生,因此现在决策对它不起作用。在进行设备更新方案比选时,原设备的价值应按目前实际价值计算,而不考虑其沉没成本。例如,某设备 4 年前的原始成本是 100000 元,目前的账面价值是 50000 元,现在的市场价值仅为 30000 元。在进行设备更新分析时,旧设备往往会产生一笔沉没成本,即

$$沉没成本 = 设备账面价值 - 当前市场价值 \tag{5.1}$$

或

$$沉没成本 = 设备原值 - 历年折旧费 - 当前市场价值 \tag{5.2}$$

则本例旧设备的沉没成本为 20000 元(即 50000－30000),是过去投资决策发生的而与现在更新决策无关,目前该设备的价值等于市场价值 30000 元。

(3) 逐年滚动比较。该原则是指在确定最佳更新时机时,应首先计算比较现有设备的剩余经济寿命和新设备的经济寿命,然后利用逐年滚动计算方法进行比较。

如果不遵循这些原则,方案比选结果或更新时机的确定可能发生错误。

5.3 设备寿命和设备更新方案的比选方法

由于有形磨损和无形磨损的共同作用,在设备使用到一定期限时,就需要利用新设备进行更新。这种更新取决于设备使用寿命的效益或成本的高低。

5.3.1 设备寿命的概念和影响因素

1. 设备寿命的概念

设备寿命是指设备从投入使用开始,到在技术上或经济上不宜继续使用而退出使用过程为止所经历的时间,设备的寿命周期有以下三种。

1) 设备的物质寿命

设备的物质寿命又称自然寿命。它是指设备从投入使用开始,直到因物质磨损严重而不能继续使用、报废为止所经历的全部时间。它主要是由设备的有形磨损所决定的。做好设备维修和保养可延长设备的物质寿命,但不能从根本上避免设备的磨损,任何一台设备磨损到一定程度时,都必须进行更新。因为随着设备使用时间的延长,设备不断老化,维修所支出的费用也逐渐增加,从而出现恶性使用阶段,即经济上不合理的使用阶段,因此,设备的自然寿命不能成为设备更新的估算依据。

2) 设备的技术寿命

设备的技术寿命又称有效寿命。由于科学技术迅速发展,一方面,对产品的质量和精

度的要求越来越高;另一方面,也不断涌现出技术更先进、性能更完善的机械设备,这就使原有设备虽还能继续使用,但因不能保证产品的精度、质量和技术要求而被淘汰。因此,设备的技术寿命就是指设备从投入使用到因技术落后而被淘汰所延续的时间,也是指设备在市场上维持其价值的时间。例如,一台机床即使完全没有使用过,它的功能也会被更为完善、技术更为先进的机床所取代,这时它的技术寿命可以认为等于零。由此可见,技术寿命主要是由设备的无形磨损所决定的,它一般比自然寿命要短,而且科学技术进步越快,技术寿命越短。所以,在估算设备寿命时,必须考虑设备技术寿命期限的变化特点及其受到的制约或影响。

3) 设备的经济寿命

设备的经济寿命是指设备从投入使用开始,到继续使用在经济上不合理而被更新所经历的时间。它是由设备维护费用的提高和使用价值的降低决定的。设备使用年限越长,所分摊的设备年资产消耗成本越少。但是随着设备使用年限的增加,一方面需要更多的维修费维持原有功能;另一方面设备的操作成本及原材料、能源耗费也会增加,年运行时间、生产效率、质量将下降。因此,年资产消耗成本的降低,会被年度运行成本的增加或收益的下降所抵销。在整个变化过程中存在着某一年份,设备年平均使用成本最低,经济效益最好,如图 5.3 所示,在 N_0 年时,设备年平均使用成本达到最低值。我们称设备从开始使用到其年平均使用成本最小(或年盈利最高)的使用年限 N_0 为设备的经济寿命。所以,设备的经济寿命就是从经济观点(即成本观点或收益观点)确定的设备更新的最佳时刻。

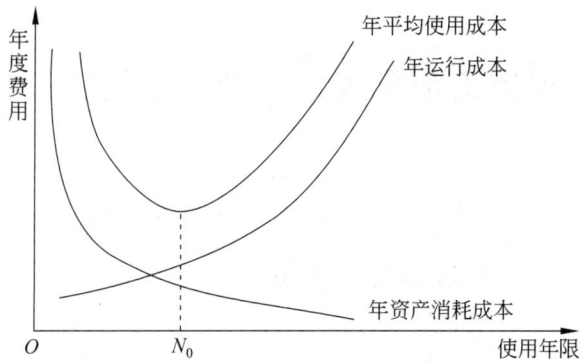

图 5.3 设备年度费用曲线

2. 设备寿命的影响因素

影响设备寿命的因素较多,其中主要有以下因素。

(1) 设备的技术构成,包括设备的结构和工艺性以及技术进步。

(2) 设备成本。

(3) 产品质量。

(4) 加工对象。

(5) 操作水平。

(6) 生产类型。

(7) 工作班次。

(8) 环境要求。

(9) 维护质量。

5.3.2 设备经济寿命的估算

1. 设备经济寿命的确定原则

确定设备经济寿命的原则如下。

(1) 在经济寿命内平均每年净收益(纯利润)达到最大。

(2) 在经济寿命内一次性投资和各种经营费总和达到最小。

2. 设备经济寿命的确定方法

确定设备经济寿命的方法可以分为静态模式和动态模式两种,二者的主要区别在于是否考虑资金时间价值。动态模式相对较复杂,下面仅介绍静态模式下设备经济寿命的确定方法。

静态模式下设备经济寿命的确定方法,就是在不考虑资金时间价值的基础上计算设备年平均使用成本 $\bar{C}_N$。使 $\bar{C}_N$ 为最小的 N_0 就是设备的经济寿命。

$$\bar{C}_N = \frac{P - L_N}{N} + \frac{1}{N}\sum_{t=1}^{N} C_t \tag{5.3}$$

式中,$\bar{C}_N$——N 年内设备的年平均使用成本;

  P——设备目前实际价值,如果是新设备,则包括购置费和安装费;如果是旧设备,则包括旧设备现在的市场价值和继续使用旧设备追加的投资;

  C_t——第 t 年的设备运行成本,包括人工费、材料费、能源费、维修费、停工损失、废次品损失等;

  L_N——第 N 年年末的设备净残值。

在式(5.3)中,$\frac{P - L_N}{N}$ 为设备的平均年度资产消耗成本,而 $\frac{1}{N}\sum_{t=1}^{N} C_t$ 为设备的平均年度运行成本。

在式(5.3)中,如果使用年限 N 为变量,则当 $N_0(0 < N_0 \leqslant N)$ 为经济寿命时,应满足 $\bar{C}_N$ 最小。

【例 5.1】 某设备目前实际价值为 30000 元,有关统计资料如表 5.1 所示,求其经济寿命。

表 5.1　设备有关统计资料　　　　　　　　　　　　　单位:元

继续使用年限 t	1	2	3	4	5	6	7
年运行成本	5000	6000	7000	9000	11500	14000	17000
年末残值	15000	7500	3750	1875	1000	1000	1000

解:由统计资料可知,该设备在不同使用年限时的静态年平均成本如表 5.2 所示。

表 5.2　设备在不同使用年限时的静态年平均成本　　　　　　　单位：元

使用年限 N	资产消耗成本 $(P-L_N)$	平均年资产消耗成本 $(3)=(2)/(1)$	年度运行成本 C_t	运行成本累计 $\sum C_t$	平均年度运行成本 $(6)=(5)/(1)$	年平均使用成本 $\overline{C}_N$ $(7)=(3)+(6)$
(1)	(2)	(3)	(4)	(5)	(6)	(7)
1	15000	15000	5000	5000	5000	20000
2	22500	11250	6000	11000	5500	16750
3	26250	8750	7000	18000	6000	14750
4	28125	7031	9000	27000	6750	13781
5	29000	5800	11500	38500	7700	13500
6	29000	4833	14000	52500	8750	13583
7	29000	4143	17000	69500	9929	14072

由计算结果可以看出，该设备在使用 5 年时，其平均使用成本为 13500 元，为最低。因此，该设备的经济寿命为 5 年。

由式(5.3)和表 5.2 可以看出，用设备的年平均使用成本 $\overline{C}_N$ 估算设备的经济寿命的过程是：在已知设备现金流量的情况下，逐年计算出从寿命 1 年到 N 年全部使用期的年平均使用成本 $\overline{C}_N$，从中找出年平均使用成本 $\overline{C}_N$ 的最小值及其所对应的年限，从而确定设备的经济寿命。

由于设备使用时间越长，设备的有形磨损和无形磨损越加剧，从而导致设备的维护修理费用增加越多，这种逐年递增的费用 ΔC_t，称为设备的低劣化。用低劣化数值表示设备损耗的方法称为低劣化数值法。如果每年设备的劣化增量是均等的，即 $\Delta C_t = \lambda$，每年劣化呈线性增长。假设评价基准年(即评价第 1 年)设备的运行成本为 C_1，则平均每年的设备使用成本 $\overline{C}_N$ 可用下式表示：

$$
\begin{aligned}
\overline{C}_N &= \frac{P-L_N}{N} + \frac{1}{N}\sum_{t=1}^{N} C_t \\
&= \frac{P-L_N}{N} + C_1 + \frac{1}{N}[\lambda + 2\lambda + 3\lambda + \cdots + (N-1)\lambda] \\
&= \frac{P-L_N}{N} + C_1 + \frac{1}{2N}[N(N-1)\lambda] \\
&= \frac{P-L_N}{N} + C_1 + \frac{1}{2}[(N-1)\lambda]
\end{aligned}
$$

要使 $\overline{C}_N$ 为最小，设 L_N 为一常数(如果 L_N 不为常数且无规律可循，需用列表法计算)，对上式的 N 进行一阶求导，并令其导数为零，据此，可以简化经济寿命的计算，即

$$
N_0 = \sqrt{\frac{2(P-L_N)}{\lambda}} \tag{5.4}
$$

式中，N_0——设备的经济寿命；

λ——设备的低劣化值。

【例5.2】 设有一台设备,目前实际价值 $P=8000$ 元,预计残值 $L_N=800$ 元,第1年的设备运行成本 $Q=600$ 元,每年设备的劣化增量是均等的,年劣化值 $\lambda=300$ 元,求该设备的经济寿命。

解: 设备的经济寿命 $N_0 = \sqrt{\dfrac{2 \times (8000-800)}{300}} \approx 7$(年)

对各年的计算结果列表(见表5.3)进行比较后,也可得到同样的结果。

表5.3 用低劣化数值法计算设备最优更新期 　　　　　　　　　　单位:元

使用年限 N	平均年资产消耗成本 $(P-L_N)/N$	年度运行成本 C_t	运行成本累计 $\sum C_t$	平均年度运行成本 (5)=(4)/(1)	年平均使用成本 $\bar{C}_N$(6)=(2)+(5)
(1)	(2)	(3)	(4)	(5)	(6)
1	7200	600	600	600	7800
2	3600	900	1500	750	4350
3	2400	1200	2700	900	3300
4	1800	1500	4200	1050	2850
5	1440	1800	6000	1200	2640
6	1200	2100	8100	1350	2550
7	1029	2400	10500	1500	2529
8	900	2700	13200	1650	2550
9	800	3000	16200	1800	2600

5.3.3 设备更新方案的比选方法

设备更新方案的比选就是对新设备方案与旧设备方案进行经济上的比较分析,根据分析结果做出抉择,是马上购置新设备、淘汰旧设备,还是保留使用旧设备一段时间,后续再购置新设备替换旧设备。新设备原始费用高,营运费和维修费低;旧设备当前净残值低,营运费和维修费高。必须进行权衡判断,才能做出正确的选择,一般情况要进行逐年比较。

在静态模式下进行设备更新方案比选时,一般按如下步骤进行。

(1)计算新旧设备方案不同使用年限的静态年平均使用成本和经济寿命。

(2)确定设备更新时机。

设备更新即便在经济上是有利的,也未必应该立即更新。换言之,设备更新分析还包括更新时机选择的问题。

① 如果旧设备继续使用1年的年平均使用成本低于新设备的年平均使用成本,即

$$\bar{C}_N(旧) < \bar{C}_N(新) \tag{5.5}$$

此时,不更新旧设备,继续使用旧设备1年。

② 当新旧设备方案出现：

$$\bar{C}_N(旧) > \bar{C}_N(新) \tag{5.6}$$

此时，应更新现有设备，这即是设备更新的时机。

总之，以经济寿命为依据的更新方案比较，需抓住一点来进行分析，即使设备都使用到最有利的年限。

在企业生产经营管理中，设备租赁常见于企业设备投资决策。在什么情况下企业选择租赁设备或直接购置设备，作出何种抉择取决于投资决策者对二者的费用与风险的全面综合比较分析。

5.4　设备租赁与购置的影响因素

5.4.1　设备租赁的概念

设备租赁是设备使用者（承租人）按照合同规定，按期向设备所有者（出租人）支付一定费用而取得设备使用权的一种经济活动。设备租赁一般有融资租赁和经营租赁两种方式。

融资租赁（financial lease）是国际上最普遍、最基本的非银行金融形式。它是指出租人根据承租人（用户）的请求，与第三方（供货商）订立供货合同，根据此合同，出租人出资向供货商购置承租人选定的设备。同时，出租人与承租人订立一项租赁合同，将设备出租给承租人，并向承租人收取一定的租金。在融资租赁中，租赁双方承担确定时期的租让和付费义务，而不得任意中止和取消租约，贵重的设备（如重型机械设备等）宜采用这种方法。

经营租赁（operating lease）又称为业务租赁，它是由大型生产企业的租赁部或专业租赁公司向用户出租本厂产品的一种租赁业务。出租人一般拥有自己的出租物仓库，一旦承租人提出要求，即可直接把设备出租给用户使用。用户按租约交租金，在租用期满后退还设备。在经营租赁中，租赁双方的任何一方可以随时以一定方式在通知对方后的规定期限内取消或终止租约，临时使用的设备（如车辆、仪器等）通常采用这种方式。

由于租赁具有把融资和融物结合起来的特点，这使租赁能够提供及时而灵活的资金融通方式，是企业取得设备并进行生产经营的一个重要手段。

1. 设备租赁的优越性

对于承租人来说，设备租赁与设备购置相比的优越性在于：

（1）在资金短缺的情况下，既可用较少资金获得生产急需的设备，也可引进先进设备，加速技术进步的步伐。

（2）可获得良好的技术服务。

（3）可以保持资金的流动状态，防止呆滞，也不会使企业资产负债状况恶化。

（4）可避免通货膨胀和利率波动的冲击，减少投资风险。

（5）设备租金可在所得税前扣除，能享受税费上的利益。

2. 设备租赁的不足之处

设备租赁的不足之处如下。

（1）在租赁期间承租人对租用设备无所有权，只有使用权，故承租人无权随意对设备进行改造，不能处置设备，也不能用于担保、抵押贷款。

（2）承租人在租赁期间所交的租金总额一般比直接购置设备的费用要高。

（3）长年支付租金，形成长期负债。

（4）融资租赁合同规定严格，如毁约，要赔偿损失，罚款较多等。

正是由于设备租赁有利有弊，故在租赁前要进行慎重的决策分析。

5.4.2 影响设备租赁与购置的主要因素

企业在决定进行设备投资之前，必须进行多方面考虑。因为，决定企业租赁或购置的关键在于能否为企业节约尽可能多的支出费用，实现最好的经济效益。为此，首先需要考虑影响设备投资的因素。

1. 租赁或购置都需要考虑的影响因素

影响设备选择的因素较多，其中设备租赁或购置都需要考虑的影响因素主要包括以下几个。

（1）项目寿命期。项目寿命期也称项目服务年限，是指项目从开始建设（也有从项目建成投产开始算起的）直至项目不能再使用时的经济活动期。它可以根据该项目固定资产综合折旧率计算确定。项目寿命期除与主要固定资产的使用寿命有关外，还与产品技术的生命周期有关。

（2）企业是需要长期占有设备，还是只希望短期占有这种设备。

（3）设备的技术性能和生产效率。

（4）设备对工程质量（产品质量）的保证程度，对原材料、能源的消耗量，以及设备生产的安全性。

（5）设备的成套性、灵活性、耐用性、环保性和维修的难易程度。

（6）设备的经济寿命。设备的经济寿命是指在设备使用的后期，花费更多的维修费用可能得不偿失，因而要考虑是否需要更新，这种以经营费用为标准而确定的设备寿命叫经济寿命。经济寿命一般来说就是设备的最佳更新周期。

（7）技术过时风险的大小。

（8）设备的资本预算计划、资金可获量（包括自有资金和融通资金），融通资金时借款利息或利率高低。

（9）提交设备的进度。

2. 影响设备租赁的因素

对于租赁设备的，除考虑上述1的因素外，还应考虑以下影响因素。

（1）租赁期长短。

（2）设备租金额，包括总租金额和每租赁期租金额。

（3）租金的支付方式，包括租赁期起算日、支付日期、支付币种和支付方法等。

（4）企业经营费用减少与折旧费和利息减少的关系以及租赁的节税优惠。

（5）预付资金（定金）、租赁保证金和租赁担保费用。

（6）维修方式，即是由企业自行维修，还是由租赁机构提供维修服务。

（7）租赁期满时资产的处理方式。

（8）租赁机构的信用度、经济实力，与承租人的配合情况。

3. 影响设备购置的因素

对于购置设备的，除考虑前述 1 的因素外，也应考虑以下影响因素。

（1）设备的购置价格、设备价款的支付方式、支付币种和支付利率等。

（2）设备的年运转费用和维修方式、维修费用。

（3）保险费，包括购置设备的运输保险费和设备在使用过程中的各种财产保险费。

总之，企业作出租赁或购置决定的关键在于技术经济可行性分析。因此，企业在决定进行设备投资之前，必须充分考虑影响设备租赁与购置的主要因素，才能获得最佳的经济效益。

5.5 设备租赁与购置方案的比选分析

采用购置设备或是采用租赁设备应取决于这两种方案在经济上的比较，比较的原则和方法与一般的互斥投资方案的比选方法相同。

5.5.1 设备租赁与购置方案分析的步骤

1. 提出设备配置建议

根据企业生产经营目标和技术状况，提出设备配置的建议。

2. 拟订设备配置方案

拟订若干设备配置方案，包括购置方案（有一次性付款和分期付款购置）和租赁方案（有融资租赁和经营租赁两种方式）。

3. 定性分析筛选方案

定性分析包括企业财务能力分析和设备方案技术分析。

1）企业财务能力分析

企业财务能力分析主要是分析企业的支付能力，如果企业不能一次筹集并支付全部设备价款，则去掉一次付款购置方案。

2）设备方案技术分析

（1）设备的配置方案，要根据生产工艺技术和生产能力研究选用主要设备，主要设备之间与其他设备之间应相互适应；要进行设备软件和硬件的专有技术和专利技术比较。

（2）要研究设备在生产工艺上使用的成熟可靠性以及在技术上的先进性和稳定性，对关键设备特别是新设备要研究在试用项目的使用情况，充分考虑设备零配件的供应以及超限设备运输的可能性。

（3）设备选用要与技术方案建设进度相匹配，应符合安全、节能、环保的要求，尽可能选择节能环保设备。

（4）对二手设备的选用要慎重。经论证确实需要二手设备时，需要说明对二手设备的考察情况、选用理由以及二手设备的技术水平、能耗水平、环保及安全指标、利用改造措施和投资，并与当时水平的同类设备进行经济技术比较。

（5）设备选用应考虑管理与操作的适应性。考虑设备的日常维护与保养以及零部件的更换和维修的方便性。

总之，定性分析的方法是设备选择中常用的主要方法。在分析时，对技术过时风险大、保养维护复杂、使用时间短的设备，可以考虑经营租赁方案；对技术过时风险小、使用时间长的大型专用设备，则融资租赁方案或购置方案均是可以考虑的方式。

4. 定量分析并优选方案

定量分析一般根据设备方案的投资和运营消耗，通过计算寿命周期费用现值和投资回收期等指标，结合其他因素（一般为设备参数、性能、物耗和能耗、环保、对原料的适应性、对产品质量的保证程度、备品备件保证程度以及安装技术服务等），择优选取设备方案。

5.5.2 设备经营租赁与购置方案的经济比选方法

进行设备经营租赁与购置方案的经济比选，必须详细地分析各方案寿命期内各年的现金流量情况，据此分析方案的经济效果，确定以何种方式投资才能获得最佳经济效益。

1. 设备经营租赁方案的净现金流量

采用设备经营租赁的方案，租赁费可以直接计入成本，但为与设备购置方案具有可比性，特将租赁费用从经营成本中分离出来，则现金流量如表 5.4 所示，其任一期净现金流量可表示为

$$净现金流量＝营业收入－租赁费用－经营成本－与营业相关的税金－所得税 \tag{5.7}$$

或

$$净现金流量＝营业收入－租赁费用－经营成本－与营业相关的税金－所得税率 \\ ×（营业收入－租赁费用－经营成本－与营业相关的税金） \tag{5.8}$$

式中，租赁费用主要包括租赁保证金、担保费和租金。

表 5.4　设备经营租赁方案现金流量表　　　　　单位：万元

序号	项　　目	合计	计算期/年					
			1	2	3	4	…	n
1	现金流入							
1.1	营业收入							
2	现金流出							
2.1	租赁费用							

序号	项　　目	合计	计算期/年					
			1	2	3	4	…	n
2.2	营业成本							
2.3	营业税金及附加							
2.4	所得税							
3	净现金流量(1+2)							
4	累计净现金流量							

1）租赁保证金

租赁保证金是为保证租赁合同的履行,承租人在合同订立时按应付租赁标的价款(或租金)的一定比例,付给出租人的担保金。为了确认租赁合同并保证其执行,承租人必须先交纳租赁保证金。保证金交付后:如果承租人不履行租赁合同的有关规定,就无权要求返回保证金。如果出租人接受保证金后不履行租赁合同,根据惯例应加倍向承租人返还保证金。如果承租人按规定正常履行合同,保证金可以抵销部分租赁物的价款或租金。保证金一般按合同金额的一定比例计,或是某一基期数的金额(如一个月的租金额)。

2）担保费

出租人一般要求承租人请担保人对该租赁交易进行担保,当承租人由于财务危机付不起租金时,由担保人代为支付租金。一般情况下,承租人需要付给担保人一定数目的担保费。

3）租金

租金是签订租赁合同的一项重要内容,直接关系到出租人与承租人双方的经济利益。出租人要从取得的租金中得到出租资产的补偿和收益,即要收回租赁资产的购进原价、贷款利息、营业费用和一定的利润。承租人则要比照租金核算成本。影响租金的因素很多,如设备的价格、融资的利息及费用、各种税金、租赁保证金、运费、租赁利差、各种费用的支付时间,以及租金采用的计算公式等。

对于租金的计算主要有附加率法和年金法。

（1）附加率法。附加率法是指在租赁资产的设备货价或概算成本上再加上一个特定的比率来计算租金的方法。特定比率由营业费用和预期利润来确定。按期分摊本金利息和之后,每期租金都加上附加费用,利息用固定利率按单利计算。表面看利率不高,实际上每期租金和租金总额都因附加费用而变得很高。这种计算方法,一般在经营性租赁或租赁特殊的物件时才采用,原因是经营性租赁与融资租赁的税制不同,租赁公司在取得某种租赁物件时提供了一些额外的服务,为此要增加费用,因此租金收益要提高一些。

附加率法每期租金 R 表达式为

$$R = P \times \frac{1 + N \times i}{N} + P \times r \tag{5.9}$$

式中,P——租赁资产的价格;

N——租赁期数,可按月、季、半年、年计;

i——与租赁期数相对应的利率;

r——附加率。

【例 5.3】 租赁公司拟出租给某企业一台设备,设备的价格为 68 万元,租期为 5 年,每年年末支付租金,折现率为 10%,附加率为 4%,问每年租金为多少?

解:
$$R = 68 \times \frac{1 + 5 \times 10\%}{5} + 68 \times 4\% = 23.12 (万元)$$

(2) 年金法。年金法是一种将租赁资产价值按动态等额分摊到未来各租赁期间内的租金计算方法。年金法计算有期末支付和期初支付租金之分。

① 期末支付方式是在每期期末等额支付租金。其支付方式的现金流量图如图 5.4(a) 所示。由式(1.19)可知,期末等额支付租金计算是等额系列现值计算的逆运算,故由式(1.19) 可得期末支付租金 R_a 的表达式,即为

$$R_a = P \times \frac{i \times (1+i)^N}{(1+i)^N - 1} \tag{5.10}$$

式中,R_a——每期期末支付的租金额;

P——租赁资产的价格;

N——租赁期数,可按月、季、半年、年计;

i——与租赁期数相对应的利率或折现率;

$\dfrac{i(1+i)^N}{(1+i)^N - 1}$——等额系列资金回收系数,用符号$(A/P, i, N)$表示。

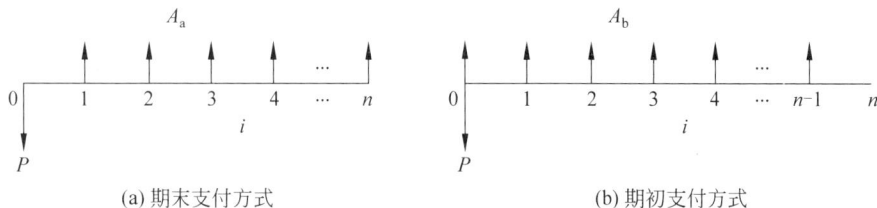

(a) 期末支付方式　　　　　　　　(b) 期初支付方式

图 5.4　年金法计算租金现金流量图

② 期初支付方式是在每期期初等额支付租金,期初支付要比期末支付提前一期支付租金,其支付方式的现金流量图如图 5.4(b)所示。每期租金 R_b 的表达式为

$$R_b = P \times \frac{i \times (1+i)^{N-1}}{(1+i)^N - 1} \tag{5.11}$$

式中,R_b——每期期初支付的租金额。

【例 5.4】 折现率为 12%,其余数据与例 5.3 相同,试分别按每年年末、每年年初支付方式计算租金。

解:若按年末支付方式,则
$$R_a = 68 \times \frac{12\% \times (1+12\%)^5}{(1+12\%)^5 - 1} \approx 18.86 (万元)$$

若按年初支付方式,则

$$R_b = 68 \times \frac{12\% \times (1 + 12\%)^{5-1}}{(1 + 12\%)^5 - 1} \approx 16.84(万元)$$

2. 购置设备方案的净现金流量

在与租赁设备方案相同的条件下,购置设备方案的现金流量如表 5.5 所示,则任一期净现金流量可表示为

$$净现金流量 = 营业收入 - 设备购置费 - 经营成本 - 贷款利息$$
$$- 与营业相关的税金 - 所得税 \tag{5.12}$$

或

$$净现金流量 = 营业收入 - 设备购置费 - 经营成本 - 贷款利息 - 与营业相关的税金$$
$$- 所得税率 \times (营业收入 - 经营成本 - 折旧 - 贷款利息$$
$$- 与营业相关的税金) \tag{5.13}$$

表 5.5　购置设备方案现金流量表　　　　　　单位:万元

序号	项　　目	合计	计算期/年					
			1	2	3	4	…	n
1	现金流入							
1.1	营业收入							
2	现金流出							
2.1	设备购置费							
2.2	营业成本							
2.3	贷款利息							
2.4	营业税金及附加							
2.5	所得税							
3	净现金流量(1+2)							
4	累计净现金流量							

3. 设备租赁与购置方案的经济比选

对于承租人来说,关键的问题是决定租赁设备还是购置设备。而设备租赁与购置的经济比选也是互斥方案选优问题,一般寿命相同时可以采用净现值(或费用现值)法,设备寿命不同时可以采用净年值(或年成本)法。无论是用净现值法还是用净年值法,均以收益效果较大(或成本较少)的方案为宜。

在工程经济互斥方案分析中,为了简化计算,常常只需比较它们之间的差异部分。而对于设备租赁与购置方案经济比选,最简单的方法是在假设所得到设备的营业收入相同的条件下,将租赁方案和购置方案的费用进行比较。根据互斥方案比选的增量原则,只需比较它们之间的差异部分。从式(5.8)和式(5.13)两式可以看出,只需比较式(5.14)和式(5.15)即可。

（1）设备租赁：

$$所得税率 \times 租赁费 - 租赁费 \tag{5.14}$$

（2）设备购置：

$$所得税率 \times (折旧 + 贷款利息) - 设备购置费 - 贷款利息 \tag{5.15}$$

由于每家企业都要依利润大小缴纳所得税，按财务制度规定，租赁设备的租金允许计入成本；购置设备每期计提的折旧费也允许计入成本；若用借款购置设备，其每期支付的利息也可以计入成本。在其他费用保持不变的情况下，计入成本越多，则利润总额越少，企业交纳的所得税也越少。因此在充分考虑各种方式的税收优惠影响下，应该选择税后收益更大或税后成本更小的方案。

4. 设备方案的经济比选

对于设备租赁来说，就是在不同的租赁方案间比选，决定租赁方案。

对于设备更新来说，既有可能在不同设备购置方案之间比选，也有可能在不同设备租赁方案之间比选，还有可能在设备租赁方案与设备购置方案之间比选。但无论是哪类设备方案的经济比选，都是互斥方案选优的问题，一般寿命相同时可以采用财务净现值（或费用现值）法，设备寿命不同时可以采用财务净年值（或年成本）法。无论是用财务净现值（或费用现值）法，还是用财务净年值（或年成本）法，均以收益效果较大（或成本较少）的方案为宜。

习　　题

一、单项选择题

1. 某设备一年前购入后闲置至今，产生锈蚀。其间由于制造工艺改进，使该种设备制造成本降低，市场价格也随之下降。那么，该设备遭受了（　　）。【2007 年】

    A. 第Ⅰ种有形磨损和第Ⅱ种无形磨损

    B. 第Ⅱ种有形磨损和第Ⅰ种无形磨损

    C. 第Ⅰ种有形磨损和第Ⅰ种无形磨损

    D. 第Ⅱ种有形磨损和第Ⅱ种无形磨损

2. 造成设备第Ⅰ种无形磨损的原因是（　　）。【2010 年】

    A. 通货膨胀导致货币贬值

    B. 技术进步创造出效率更高、能耗更低的新设备

    C. 设备使用过程中的磨损、变形

    D. 社会劳动生产率水平提高使同类设备的再生产价值降低

3. 可以采用大修理方式进行补偿的设备磨损是（　　）。【2010 年】

    A. 不可消除性有形磨损　　　　　　B. 第Ⅰ种无形磨损

    C. 可消除性有形磨损　　　　　　　D. 第Ⅱ种无形磨损

4. 关于设备磨损补偿方案，下列说法错误的是（　　）。【2011 年】

A. 对于陈旧落后的设备,应当用较先进的设备尽早替代

B. 对整机性能尚可、个别技术经济指标落后的设备,应加以改造和现代化改装

C. 最好的方案是有形磨损期与无形磨损期相互接近

D. 最不可取是当设备需要进行大修理时,恰好到了更换的时刻

5. 某设备在 5 年内购买时原始成本为 10 万元,目前账面价值为 5 万元,现在市场同样功能的二手设备售价为 2 万元。新设备售价为 15 万元。则对该设备进行更新分析时,其沉没成本为( )万元。【2019 年】

A. 5 　　　　　 B. 8 　　　　　 C. 13 　　　　　 D. 3

6. 某设备 10 年前的原始成本是 100000 元,目前的账面价值是 30000 元,现在的市场价值为 20000 元。关于该设备沉没成本和更新决策时价值的说法,正确的是( )。【2020 年】

A. 沉没成本为 10000 元,更新决策时价值应为 40000 元

B. 沉没成本为 10000 元,更新决策时价值应为 20000 元

C. 沉没成本为 80000 元,更新决策时价值应为 30000 元

D. 沉没成本为 70000 元,更新决策时价值应为 70000 元

7. 经计算旧设备继续使用第 1 年的年成本为 5500 元,继续使用第 2 年的年成本为 6250 元,继续使用第 3 年的年成本为 7150 元;新设备的经济寿命为 8 年,8 年的年平均成本为 5950 元,则应该( )。【2017 年】

A. 立即更换旧设备

B. 继续使用 1 年后更换旧设备

C. 继续使用 2 年后更换旧设备

D. 继续使用 3 年后更换旧设备

8. 某企业 2005 年年初以 3 万元的价格购买了一台新设备,使用 7 年后发生故障因而不能正常使用,且市场出现了技术更先进、性能更完善的同类设备,但原设备经修理后又继续使用,至 2015 年年末不能继续修复使用而报废。则该设备的自然寿命为( )年。【2016 年】

A. 7 　　　　　 B. 10 　　　　　 C. 12 　　　　　 D. 11

9. 某设备在不同的使用年限(1~7 年)下,年资产消耗成本和年运行成本如表 5.6 所示(单位:万元),则该设备的经济寿命为( )年。【2017 年】

表 5.6　年资产消耗成本和年运行成本

项　　目	使用年限/年						
	1	2	3	4	5	6	7
年资产消耗成本	90	50	35	23	20	18	15
年运行成本	20	25	30	35	40	45	60

A. 3 　　　　　 B. 4 　　　　　 C. 5 　　　　　 D. 6

10. 某设备目前实际价值为 30000 元,有关资料如表 5.7 所示,则该设备的经济寿命为( )年。【2020 年】

A. 3 　　　　　 B. 4 　　　　　 C. 5 　　　　　 D. 6

项 目	继续使用年限/年						
	1	2	3	4	5	6	7
年末净残值	15000	7500	3750	3000	2000	900	600
年运行成本	5000	6000	7000	9000	11500	14000	18200
年平均使用成本	20000	16750	14750	13500	13300	13600	14300

表 5.7 某设备有关资料　　　　　　　　　　　单位：元

11. 某设备目前的账面价值为 50000 元,预计净残值为 5000 元,第 1 年设备运行成本为 500 元,此后每年运行成本均等递增 400 元,则该设备的经济寿命为(　　)年。【2014 年】

    A. 10　　　　　　　B. 8　　　　　　　C. 15　　　　　　　D. 12

12. 关于设备租赁的说法,错误的是(　　)。【2013 年】

    A. 融资租赁通常适用于长期使用的贵重设备

    B. 临时使用的设备适宜采用经营租赁方式

    C. 经营租赁的任一方可以以一定方式在通知对方后的规定期限内取消租约

    D. 租赁期内,融资租赁承担人拥有租赁设备的所有权

13. 施工企业拟向租赁公司承租一台设备,设备价格为 60 万元,年限为 5 年,租期内年末支付租金,折现率为 8%,附加率为 3%,按照附加率法计算,每年应支付租金为(　　)万元。【2014 年】

    A. 13.8　　　　　　B. 15　　　　　　C. 16.8　　　　　　D. 18.6

14. 正常情况下,同一设备寿命期内租赁费、租金和购置原价之间的数量关系是(　　)。【2010 年】

    A. 租赁费＞租金＝购置原价　　　　　B. 租赁费＝租金＞购置原价

    C. 租赁费＜租金＜购置原价　　　　　D. 租赁费＞租金＞购置原价

15. 某施工企业计划租赁一台设备,价格为 240 万元,寿命期为 10 年,租期为 8 年,每年年末支付租金,折现率为 8%,附加率为 3%,采用附加率法计算,每年需支付的租金为(　　)万元。【2020 年】

    A. 33.0　　　　　　B. 50.4　　　　　　C. 56.4　　　　　　D. 61.2

16. 将租赁资产价值按动态等额分摊到未来各租赁期间的租金计算方法是(　　)。【2011 年】

    A. 附加率法　　　　B. 消耗率法　　　　C. 低劣化值法　　　　D. 年金法

17. 关于设备磨损补偿方式的说法,正确的是(　　)。【2021 年】

    A. 设备的无形磨损可以通过修理进行补偿

    B. 设备的综合磨损只能通过更新进行补偿

    C. 可消除的有形磨损只能通过现代化改装进行补偿

    D. 不可消除的有形磨损可以通过更新进行补偿

18. 关于设备融资租赁的说法,正确的是(　　)。【2021 年】

    A. 租赁期的设备租金总额低于直接购置设备的费用

    B. 租赁容易导致承租人资产负债状况恶化

C. 租赁期间承租人可以将租用设备用于抵押贷款

D. 设备融资租赁的租期通常较长

19. 某公司5年前购置一台设备,原价为10万元,因环保要求需更换,目前该设备的账面价值为5万元,市场价为4万元,则设备更新决策时的沉没成本是( )万元。【2022年】

A. 6　　　　　　　　B. 1　　　　　　　　C. 5　　　　　　　　D. 4

20. 某施工企业以经营租赁方式租入一台设备,租赁保证费为2万元,担保费为5万元,年租金为10万元,预计租赁设备年运行成本为10万元,其中原材料消耗为2万元,则设备第一年的租赁费是( )万元。【2022年】

A. 19　　　　　　　B. 17　　　　　　　C. 20　　　　　　　D. 27

21. 关于设备寿命的说法,正确的是( )。【2022年补考】

A. 科学技术进步越快,设备的技术寿命越短

B. 设备的技术寿命主要由设备的有形磨损决定

C. 设备更新应主要考虑其自然寿命

D. 设备的自然寿命主要由设备的无形磨损决定

22. 某企业计划租入一台设备,设备价格为100万元,租期为5年(设备寿命预期为5年),每年年末支付租金。折现率为12%,附加率为4%。不考虑税金因素,采用附加率法计算每年需支付的租金为( )万元。【2022年补考】

A. 22.80　　　　　　B. 36.00　　　　　　C. 24.77　　　　　　D. 27.74

二、多项选择题

1. 造成设备无形磨损的原因有( )。【2014年】

A. 通货膨胀导致货币贬值

B. 自然力的作用使设备产生磨损

C. 技术进步创造出效率更高、能耗更低的新设备

D. 设备使用过程中的磨损、变形

E. 社会劳动生产率水平提高使同类设备的再生产价值降低

2. 下列各种情形中,会导致原有设备产生无形磨损的有( )。【2020年】

A. 设备部件在使用过程中自然老化

B. 设备在使用过程中损坏

C. 由于科技进步出现效率更高的新型设备

D. 设备在闲置过程中被腐蚀,造成精度降低

E. 同类型设备市场价格明显降低

3. 对设备可消除的有形磨损进行补偿的方式有( )。【2013年】

A. 更新　　　　B. 现代化改革　　　　C. 大修理

D. 日常保修　　　E. 淘汰

4. 对设备第Ⅱ种无形磨损进行补偿的方式有( )。【2009年】

A. 日常保养　　　B. 大修理　　　　C. 更新

D. 经常性修理　　E. 现代化改装

5. 更新是对整个设备进行更换,属于完全补偿,适用于设备的磨损形式包括( )。

【2005年】

A. 可消除的有形磨损

B. 第Ⅰ种无形磨损

C. 不可消除的有形磨损

D. 无形磨损

E. 第Ⅱ种无形磨损

6. 对于承租人来说,设备租赁与设备购置相比的优越性有(　　)。【2019 年】

A. 设备可用于担保、抵押贷款

B. 不需要考虑设备的维护保养

C. 能用较少资金获得生产急需的设备

D. 设备租金可在所得税前扣除

E. 可获得设备出租方的技术服务

7. 下列设备磨损情形中,属于无形磨损的有(　　)。【2021 年】

A. 设备使用过程中产生的变形

B. 技术进步导致设备贬值

C. 设备闲置过程中遭受腐蚀

D. 制造工艺改进导致设备降价

E. 自然力作用使设备构件老化

8. 下列关于设备磨损的补偿方式,说法正确的是(　　)。【2022 年】

A. 大修理是对设备有形磨损的局部补偿

B. 由于科学技术进步产生的无形磨损可通过现代化改装进行局部补偿

C. 不可消除的有形磨损可通过大修理进行局部补偿

D. 设备制造工艺不断改进,同类设备再生价值降低,致使原设备贬值,可通过现代化改装进行局部补偿

E. 设备有形磨损和无形磨损的完全补偿是更新

9. 关于设备经济寿命的说法,正确的有(　　)。【2022 年补考】

A. 设备经济寿命是从开始使用到其年平均使用成本最小的使用年限

B. 设备使用年限越长,平均年资产消耗成本越低

C. 设备使用年限越长,年平均能源消耗费越低

D. 随设备使用年限延长,年度运行成本上升

E. 设备使用年限越长,平均年度运行成本越低

三、简答题

1. 什么是有形磨损?

2. 简述无形磨损的两种形式。

3. 简述有形和无形两种磨损的异同点。

4. 简述设备更新的三种形式。

5. 什么情况下优先考虑更新设备?

6. 什么是设备的技术寿命?

7. 对于承租人来说,简述设备租赁与设备购置相比的优越性。

第6章 价值工程在工程建设中的应用

价值工程又称价值分析,是一种把功能与成本、技术与经济结合起来进行技术经济评价的方法。它不仅广泛应用于产品设计和产品开发,而且也应用于工程建设中。

6.1 价值工程和提高价值的途径

6.1.1 价值工程的概念

1. 价值工程的含义

价值工程是以提高产品(或作业)价值和有效利用资源为目的,通过有组织的创造性工作,寻求用最低的寿命周期成本,可靠地实现使用者所需功能,以获得最佳的综合效益的一种管理技术。价值工程中"工程"的含义是指为实现提高价值的目标,所进行的一系列分析研究的活动。价值工程中所述的"价值"也是一个相对的概念,是指作为某种产品(或作业)所具有的功能与获得该功能的全部费用的比值。它不是对象的使用价值,也不是对象的交换价值,而是对象的比较价值,是作为评价事物有效程度的一种尺度。这种尺度可以表示为一个数学公式:

$$V = \frac{F}{C} \tag{6.1}$$

式中,V——价值;

$\quad$ F——研究对象的功能,广义讲是指产品或作业的功用和用途;

$\quad$ C——成本,即寿命周期成本。

寿命周期成本是指为实现物品功能耗费的成本,包括劳动占用和劳动消耗,是从产品的科研、设计、试验、试制、生产、销售、使用、维修直到报废所花费用的总和。

定义中的"产品"泛指以实物形态存在的各种产品,如材料、制成品、设备、建设工程等;"作业"是指提供一定功能的工艺、工序、作业、活动等。

2. 价值工程与其他管理技术的区别

价值工程是一门管理技术,又不同于一般的工业工程和全面质量管理技术。诞生于20世纪初的工业工程,着重于研究作业、工序、时间等从材料到工艺流程等问题,这种管理技术主要是降低加工费用。20世纪20年代创始的全面质量管理是按照设计图纸把产品可靠地制造出来,是从结果分析问题原因以帮助消除不良产品的一种管理技术。但它们都是以产品设计图纸已给定的技术条件为前提的,因此,降低产品成本都有局限性。而价值工程改变过去以物品或结构为中心的思考方法,从产品的功能出发,在设计过程中,重新审核设计图纸,对产品作设计改进,把与用户需求功能无关的构配件消除掉,更改具有过剩功能的材质和构配件,设计出价值更高的产品。由于它冲破了原来设图纸的界限,故能大幅度地降低成本。

价值工程与一般的投资决策理论也不同。一般的投资决策理论研究的是项目的投资效果,强调的是项目的可行性,而价值工程是研究如何以最少的人力、物力、财力和时间获得必要功能的技术经济分析方法,强调的是产品的功能分析和功能改进。

价值工程废弃了会计制度上沿用的事后成本和与产品费用无关的计算成本办法,采用以产品功能为中心分析成本的事前成本计算方法,保证了成本的正确可靠性。

总之,价值工程是采用系统的工作方法,通过各相关领域的协作,对所研究对象功能与成本、效益与费用之间进行系统分析,不断创新,旨在提高所研究对象价值的思想方法和管理技术。

6.1.2 价值工程的特点

由价值工程的概念可知,价值工程涉及价值、功能和寿命周期成本三个基本要素,它具有以下特点。

1. 价值工程的目标是以最低的寿命周期成本使产品具备它所必须具备的功能

产品的寿命周期成本由生产成本和使用及维护成本组成。产品生产成本 C_1 是指发生在生产企业内部的成本,也是用户购买产品的费用,包括产品的科研、设计、试验、试制、生产、销售等费用及税金等;而产品使用及维护成本 C_2 是指用户在使用过程中支付的各种费用的总和,它包括使用过程中的能耗费用、维修费用、人工费用、管理费用等,有时还包括报废拆除所需费用(扣除残值)。

在一定范围内,产品的生产成本与使用及维护成本存在此消彼长的关系。随着产品功能水平提高,产品的生产成本 C_1 增加,使用及维护成本 C_2 降低;反之,产品功能水平降低,其生产成本 C_1 降低但是使用及维护成本 C_2 增加。因此,当功能水平逐步提高时,寿命周期成本 $C=C_1+C_2$,呈马鞍形变化,如图 6.1 所示。在 F' 点,产品功能较少,此时虽然生产成本较低,但由于不能满足使用者的基本需要,使用及维护成本较高,因而使用寿命周期成本较高;在 F'' 点,虽然使用及维护成本较低,但由于存在着多余的功能,因而致使生产成本过高,同样寿命周期成本也较高。只有在 F_0 点,产品功能既能满足用户的需求,产品成本 C_1 和使用及维护成本 C_2 两条曲线叠加所对应的寿命周期成本为最小值 C_{min},体现了比较理想的功能与成本的关系。由此可见,工程产品的寿命周期成本与其功能是辩证统一的关系。寿命周期成本的降低,不仅关系到生产企业的利益,同时也是满足用户的要求并与社会节约程度密切相关。因此,价值工程的活动应贯穿于生产和使用的全过程,要兼顾生产者和用户的利益,以获得最佳的社会综合效益。

2. 价值工程的核心是对产品进行功能分析

价值工程中的功能是指对象能够满足某种要求的一种属性,具体来说功能就是某种特定效能、功用或效用。对于一个具体的产品来说,"它是干什么用的?"问题答案就是产品的功能。任何产品都具备相应的功能。假如产品不具备功能,则产品就将失去存在的价值。

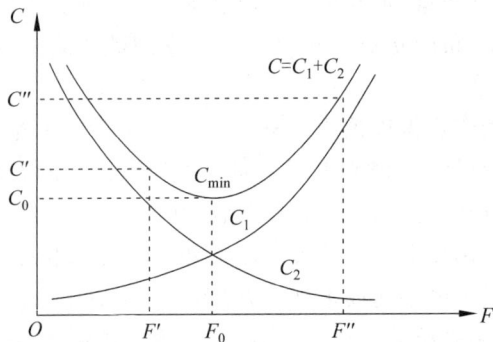

图 6.1　产品功能与成本关系图

例如,手表有计时、显时的功能,电冰箱具有冷藏、冷冻的功能,住宅的功能是提供居住空间等。用户向生产企业购买产品,是要求生产企业提供这种产品的功能,而不是产品的具体结构。企业生产的目的,是通过生产获得用户所期望的功能,而结构、材质等是实现这些功能的手段,目的是主要的,手段可以广泛选择。因此,价值工程分析产品,首先不是分析它的结构,而是分析它的功能,是在分析功能的基础之上,再去研究结构、材质等问题,以达到保证用户所需功能的同时降低成本,实现价值提高的目的。

3. 价值工程将产品价值、功能和成本作为一个整体同时来考虑

在现实中,人们一般对产品(或作业)有“性价比”的要求,“性”就是反映产品(或作业)的性能和质量水平,即功能水平;“价”就是反映产品(或作业)的成本水平。价值工程并不是单纯追求低成本水平,也不片面追求高功能、多功能水平,而是力求正确处理好功能与成本的对立统一关系,提高它们之间的比值水平,研究产品功能和成本的最佳配置。因此,价值工程对价值、功能、成本的考虑,不是片面和孤立的,而是在确保产品功能的基础上综合考虑生产成本和使用及维护成本,兼顾生产者和用户的利益,创造出总体价值最高的产品。

4. 价值工程强调不断改革和创新

价值工程强调不断改革和创新,开拓新构思和新途径,获得新方案,创造新功能载体,从而简化产品结构,节约原材料,提高产品的技术经济效益。

5. 价值工程要求将功能定量化

价值工程要求将功能定量化,即将功能转换为能够与成本直接相比的量化值。

6. 价值工程是以集体智慧开展的有计划、有组织、有领导的管理活动

由于价值工程研究的问题涉及产品的整个寿命周期,涉及面广,研究过程复杂,如提高产品价值涉及产品的设计、生产、采购和销售等过程。这不能靠个别人员和个别部门,而要经过许多部门和环节的配合,才能收到良好的效果。因此,企业在开展价值工程活动时,必须集中人才,要组织科研、设计、生产、管理、采购、供销、财务,甚至用户等各方面有经验的人员参加,以适当的组织形式组成一个智力结构合理的集体,共同研究,发挥集体智慧、经验和积极性,排除片面性和盲目性,博采众长,有计划、有组织、有领导地开展活动,以达到

提高方案价值的目的。

6.1.3　提高价值的途径

由于价值工程以提高产品价值为目的，这既是用户的需要，又是生产经营者追求的目标，两者的根本利益是一致的。因此，企业应当研究产品功能与成本的最佳匹配。价值工程的基本原理公式 $V=F/C$ 不仅深刻地反映出产品价值与产品功能和实现此功能所耗成本之间的关系，而且也为如何提高价值提供了以下五种途径。

(1) 双向型。在提高产品功能的同时，又能降低产品成本，这是提高价值最为理想的途径，也是对资源最有效的利用。但对生产者要求较高，往往要借助技术的突破和管理的改善才能实现。例如，重庆轻轨较新线一期工程，根据自身的城市特点，引进跨座式单轨技术。其梁轨一体化的构造，决定了施工要求的高精度，易造成工程返工甚至 PC 轨道梁报废的难题。在国外长期以来均采用"先墩后梁"的模式组织建设，缺点是建设周期太长。为实现建设目标，重庆轻轨在项目上打破常规，成功运用了"墩梁并举"的技术与管理模式。大幅缩短了工期(仅有 4 年工期，远少于常规 7～10 年的工期)；各项精度水平均有大幅提高，确保了建设质量；减少了资金积压时间，降低了工程融资成本，降低了工程总造价；同时，减少了占用城市道路施工的时间，方便了市民出行，减少了堵车，既节省宝贵的资源，又降低了环境污染。

(2) 改进型。在产品成本不变的条件下，通过改进设计，提高产品的功能，提高利用资源的成果或效用(如提高产品的性能、可靠性、寿命、可维修性)，增加某些用户希望的功能等，达到提高产品价值的目的。例如，若仅考虑人防工程战时的隐蔽功能，平时闲置不用，将需要投入大量的人力、财力予以维护。若在设计时，考虑战时能发挥隐蔽功能，平时能发挥多种功能，则可在平时将人防工程利用为地下商场、地下停车场等。这些都大大提高了人防工程的功能，并增加了经济效益。

(3) 节约型。在保持产品功能不变的前提下，通过降低成本达到提高价值的目的。从发展趋势上说，科学技术水平以及劳动生产率是在不断提高的，因此消耗在某种功能水平上的产品或系统的费用应不断降低。新设计、新材料、新结构、新技术、新的施工方法和新型高效管理方法，无疑会提高劳动生产率，在功能不发生变化的条件下，降低产品或系统的费用。例如，某市一电影院，由于夏季气温高，需设计空调系统降温，以满足人们舒适度的要求。经过相关人员价值分析，决定采用人防地道风降温系统替代机械制冷系统。该系统实施后，在满足电影院空调要求的前提下，不仅降低了造价，而且节约了运行费和维修费。

(4) 投资型。产品功能有较大幅度提高，产品成本有较少提高。即成本虽然增加了一些，但功能的提高超过了成本的提高，因此价值还是提高了。例如，电视塔的主要功能是发射电视和广播节目，若只考虑塔的单一功能，塔建成后只能发射电视和广播节目，每年国家还要拿出数百万元对塔及内部设备进行维护和更新，经济效益差。但从价值工程应用来看，若利用塔的高度，在塔上部增加综合利用机房，可为气象、环保、交通、消防、通信等部门服务；在塔的上部增加观景厅和旋转餐厅等。工程造价虽增加了一些，但功能大增，每年的综合服务和游览收入显著增加，既可加快投资回收，又可实现"以塔养塔"。

（5）牺牲型。在产品功能略有下降、产品成本大幅度降低的情况下，也可达到提高产品价值的目的。这是一种灵活的企业经营策略，去除一些用户不需要的功能，从而较大幅度地降低费用，能够更好地满足用户的要求。例如，在保证老年人手机接听、拨打电话这一基本功能的基础上，根据老年人的实际需求，采用保留或增加有别于普通手机的大字体、大按键、大音量、一键亲情拨号、收音机、一键求救、手电筒、监护定位、助听等功能，减少普通手机的办公、游戏、拍照、多媒体娱乐、数据应用等功能，从总体来看，老年手机功能比普通手机降低了些，但仍能满足老年顾客对手机特定功能的要求，而整体生产成本却大大地降低了。在实际中，对这种牺牲型途径要持慎重态度。

总之，在产品形成的各个阶段都可以应用价值工程提高产品的价值。但在不同的阶段进行价值工程活动，其经济效果的提高幅度却是大不相同的。对于建设工程，应用价值工程的重点是在规划和设计阶段，因为这两个阶段是提高技术方案经济效果的关键环节。一旦设计完成并施工，建设工程的价值就基本决定了，这时再进行价值工程分析就变得更加复杂，不仅原来的许多工作成果要付诸东流，而且更改可能会造成很大的浪费，使价值工程活动的技术经济效果大大下降。当然，在施工阶段建造师也可开展大量价值工程活动，以寻求技术、经济、管理的突破，获得最佳的综合效果。如对施工项目展开价值工程活动，可以更加明确业主的要求，更加熟悉设计要求、结构特点和项目所在地的自然地理条件，从而更利于施工方案的制订，更能有效地组织和控制项目施工；通过价值工程活动，可以在保证质量的前提下，为用户节约投资、提高功能和降低寿命周期成本，从而赢得业主的信任，有利于甲乙双方关系的和谐与协作，同时提高自身的社会知名度，增强市场竞争能力；通过对施工项目进行价值工程活动，对提高项目组织的素质、改善内部组织管理和降低不合理消耗等，也有直接的积极影响。

目前，价值工程在我国建筑业中的应用还处于比较初级的阶段。但从世界范围来看，建筑业一直是价值工程实践的热点领域，究其原因是它能适应建筑业发展的自身需求，在降低工程成本、保证业主投资效益方面具有显著的功效。根据美国建筑业应用价值工程的统计结果表明：一般情况下应用价值工程可以降低整个建设项目初始投资的 5%～10%，同时可以降低项目建成后的运行费用的 5%～10%。而在某些情况下这一节约的比例更是可以高达 35% 以上。而整个价值工程研究的投入经费仅为项目建设成本的 0.1%～0.3%。因此，推动价值工程在我国建筑业中的发展和应用，不仅可以获得良好的经济效益，而且也可以提高我国建筑业的整体经营管理水平。

6.2 价值工程在工程建设应用中的实施步骤

6.2.1 价值工程的工作程序

价值工程也像其他技术一样具有自己独特的一套工作程序。在工程建设中，价值工程的工作程序实质就是针对工程产品（或作业）的功能和成本提出问题、分析问题、解决问题的过程。其工作程序如表 6.1 所示。

表 6.1　价值工程的工作程序

工作阶段	设计程序	工作步骤		对应问题
		基本步骤	详细步骤	
准备阶段	制订工作计划	确定目标	(1) 工作对象选择	(1) 价值工程的研究对象是什么？
			(2) 信息资料搜集	
分析阶段	功能评价	功能分析	(3) 功能定义	(2) 这是干什么用的？
			(4) 功能整理	
		功能评析	(5) 功能成本分析	(3) 成本是多少？
			(6) 功能评价	(4) 价值是多少？
			(7) 确定改进范围	
创新阶段	初步设计	制订创新方案	(8) 方案创造	(5) 有无其他方法实现同样功能？
	评价各设计方案，改进、优化方案		(9) 概略评价	(6) 新方案的成本是多少？
			(10) 调整完善	
			(11) 详细评价	
	方案书面化		(12) 提出方案	(7) 新方案能满足功能的要求吗？
实施阶段	检查实施情况并评价活动成果	方案实施与成果评价	(13) 方案审批	(8) 偏离目标了吗？
			(14) 方案实施与检查	
			(15) 成果评价	

价值工程的实施就是围绕上述工作程序进行的。

6.2.2　价值工程准备阶段

价值工程准备阶段主要是工作对象选择与信息资料收集，目的是明确价值工程的研究对象是什么。

1. 工作对象选择

在工程建设中，并不是对所有的工程产品(或作业)都进行价值分析，而是主要根据企业的发展方向、市场预测、用户反映、存在问题、薄弱环节以及提高劳动生产率、提高质量、降低成本等方面来选择分析对象。因此，价值工程的对象选择过程就是收缩研究范围的过程，最后明确分析研究的目标即主攻方向。一般来说，从以下几方面考虑价值工程对象的选择。

(1) 从设计方面看，对结构复杂、性能和技术指标差以及体积和重量大的工程产品进行价值工程活动，可使工程产品结构、性能、技术水平得到优化，从而提高工程产品价值。

(2) 从施工生产方面看，对量大面广、工序烦琐、工艺复杂、原材料和能源消耗高以及质量难以保证的工程产品，进行价值工程活动可以最低的寿命周期成本可靠地实现必要功能。

（3）从市场方面看，选择用户意见多和竞争力差的工程产品进行价值工程活动，以赢得消费者的认同，占领更大的市场份额。

（4）从成本方面看，选择成本高或成本比重大的工程产品，进行价值工程活动可降低工程产品成本。

价值工程对象选择的方法有很多种，不同方法适宜于不同的价值工程对象，根据企业条件选用适宜的方法，就可以取得较好效果。常用的方法有因素分析法、ABC分析法、强制确定法、百分比分析法、价值指数法等。

（1）因素分析法。又称经验分析法，是一种定性分析方法，依据分析人员经验作出选择，简便易行。特别是在被研究对象彼此相差比较大以及时间紧迫的情况下比较适用。因素分析法的缺点是缺乏定量依据，准确性较差，对象选择得正确与否，主要决定于价值工程活动人员的经验及工作态度，有时难以保证分析质量。为了提高分析的准确程度，可以选择技术水平高、经验丰富、熟悉业务的人员参加，并且要发挥集体智慧，共同确定对象。

（2）ABC分析法。又称重点选择法或不均匀分布定律法，是指应用数理统计分析的方法来选择对象。这种方法由意大利学家帕累托提出，其基本原理为"关键的少数和次要的多数"，抓住关键的少数可以解决问题的大部分，在价值工程中，这种方法的基本思路是：首先将一个产品的各种部件按成本大小由高到低排列起来，然后绘成费用累积分配图。最后将占总成本70%～80%而占零部件总数10%～20%的零部件划分为A类部件，将占总成本5%～10%而占零部件总数60%～80%的零部件划分为C类，其余为B类。其中A类零部件是价值工程的主要研究对象。

有些产品不是由部件组成的，如工程造价等，对这类产品可按费用构成项目分类，如分为管理费、动力费、人工费等，将其中所占比重最大的作为价值工程的重点对象。

ABC分析法抓住成本比重大的零部件或工序作为研究对象，有利于集中精力重点突破，取得较大效果，同时简便易行，因此，广泛为人们所采用。但在实际工作中，有时由于成本分配不合理，造成成本比重不大但用户认为功能重要的对象可能被漏选或排序推后。ABC分析法的这一缺点可以通过经验分析法、强制确定法等方法补充修正。

（3）强制确定法。强制确定法是以功能重要程度作为选择价值工程对象依据的一种分析方法。具体做法是：先求出分析对象的成本系数、功能系数，然后得出价值系数，以揭示出分析对象的功能与成本之间是否相符。如果不相符，价值低的则被选为价值工程的研究对象。这种方法在功能评价和方案评价中也有应用。

强制确定法从功能和成本两方面综合考虑，能够明确揭示价值工程的研究对象。但这种方法是人为打分，不能准确反映功能差距的大小，只适用于部件间功能差别不太大且比较均匀的对象，而且一次分析的部件数目也不能太多，以不超过10个为宜。当部件很多时，可以先用ABC分析法、经验分析法选出重点部件，然后用强制确定法细选；也可以用逐层分析法，从部件选起，然后在重点部件中选出重点零件。

（4）百分比分析法。通过分析某种费用或资源对企业的某个技术经济指标的影响程度大小（百分比）来选择价值工程对象。

（5）价值指数法。通过比较各个对象（或零部件）之间的功能水平位次和成本位次，寻找价值较低对象（零部件），并将其作为价值工程研究对象。

2. 信息资料收集

价值工程所需的信息资料,应视具体情况而定。对于一般工程产品(或作业)分析来说,应收集以下几方面的信息资料。

(1) 用户方面的信息资料。如用户性质、经济能力;使用产品的目的、使用环境、使用条件;所要求的功能和性能;对产品外观要求,如造型、体积、色彩等;对产品价格、交货期、构配件供应、技术服务等方面的要求等。

(2) 市场方面的信息资料。如产品产销量的演变及目前产销情况、市场需求量及市场占有率的预测;产品竞争的情况,目前有哪些竞争企业和产品,其产量、质量、价格、销售服务、成本、利润、经营特点、管理水平等情况;同类企业和同类产品的发展计划、拟增投资额、规模大小、重新布点、扩建改建或合并调整情况等。

(3) 技术方面的信息资料。如与产品有关的学术研究或科研成果、新结构、新工艺、新材料、新技术以及标准化方面的资料;该产品研制设计的历史及演变、本企业产品及国内外同类产品有关的技术资料等。

(4) 经济方面的信息资料。包括产品及构配件的工时定额、材料消耗定额、机械设备定额、各种费用定额、企业历年来各种有关成本费用数据、国内外其他厂家与价值工程对象有关的成本费用资料等。

(5) 本企业的基本资料。包括企业的内部供应、生产、组织,以及产品成本等方面的资料,如生产批量、生产能力、施工方法、工艺装备、生产节拍、检验方法、废次品率、运输方式等。

(6) 环境保护方面的信息资料。包括环境保护的现状、"三废"状况、处理方法和国家法规标准;改善环境和劳动条件,减少粉尘、有害液体和气体外泄,减少噪声污染,减轻劳动强度,保障人身安全等相关信息等。

(7) 外协方面的信息资料。如原材料及外协或外购件种类、质量、数量、交货期、价格、材料利用率等情报;供应与协作部门的布局、生产经营情况、技术水平、价格、成本、利润等;运输方式及运输经营情况等。

(8) 政府和社会有关部门的法规、条例等方面信息资料。

信息资料的收集不是一项简单的工作,应收集何种信息资料很难完全列举出来。但收集的信息资料要求准确可靠,并且要求经过归纳、鉴别、分析、整理,剔除无效资料,使用有效资料,以利于价值工程活动的分析研究。

6.2.3 价值工程分析阶段

价值工程分析阶段主要工作是功能定义、功能整理与功能评价。

1. 功能定义

任何产品都具有使用价值,即任何产品的存在是由于它们具有能满足用户所需求的特有功能,这是存在于产品中的一种本质。人们购买产品的实质是为了获得产品的功能。由于功能只有通过产品实体的使用才能体现出来,因此人们往往注重产品的实体而忽视对产品功能的研究。这是造成设计不合理、产品功能不足或功能过剩的重要原因。功能是产品设计的出发点,应该成为认真研究的对象,通过功能的改进和完善达到提高产品价值的目的。

1) 功能分类

为了弄清功能的定义,根据功能的不同特性,可以先将功能分为以下几类。

(1) 按功能的重要程度分类,产品的功能一般可分为基本功能和辅助功能。基本功能就是要达到这种产品的目的所必不可少的功能,是产品的主要功能,如果不具备这种功能,这种产品就失去其存在的价值。例如,承重外墙的基本功能是承受荷载,室内间壁墙的基本功能是分隔空间。基本功能一般可以从产品基本功能的作用为什么是必不可少的,其重要性如何表达,其作用是不是产品的主要目的,如果作用变化了则相应的工艺和构配件是否要改变等方面来确定。

辅助功能是为了更有效地实现基本功能而添加的功能,是次要功能,是为了实现基本功能而附加的功能。如墙体的隔声、隔热就是墙体的辅助功能。辅助功能可以从它是否对基本功能起辅助作用以及它的重要性和基本功能的重要性相比是否起次要作用等方面来确定。

(2) 按功能的性质分类,产品的功能可划分为使用功能和美学功能。使用功能从功能的内涵上反映其使用属性(包括可用性、可靠性、安全性、可维修性等),如住宅的使用功能是提供人们"居住的空间功能",桥梁的使用功能是交通,使用功能最容易为用户所了解。而美学功能是从产品外观(造型、形状、色彩、图案等)反映功能的艺术属性。无论是使用功能还是美学功能,它们都是通过基本功能和辅助功能来实现的。产品的使用功能和美学功能要根据产品的特点而有所侧重。有的产品应突出其使用功能,如地下电缆、地下管道等;有的应突出其美学功能,如墙纸、陶瓷壁画等。当然,有的产品如房屋建筑、桥梁等二者功能兼而有之。

(3) 按用户的需求分类,产品的功能可分为必要功能和不必要功能。在价值工程分析中,功能水平是功能的实现程度。但并不是功能水平越高就越符合用户的要求,价值工程强调产品的功能水平必须符合用户的要求。必要功能就是指用户所要求的功能以及与实现用户所需求功能有关的功能,使用功能、美学功能、基本功能、辅助功能等均为必要功能;不必要功能是指不符合用户要求的功能。不必要的功能包括三类:一是多余功能,二是重复功能,三是过剩功能。不必要的功能必然产生不必要的费用,这不仅增加了用户的经济负担,而且浪费资源。因此,价值工程的功能一般是指必要功能,即充分满足用户必不可少的功能要求。

(4) 按功能的量化标准分类,产品的功能可分为过剩功能与不足功能。过剩功能是指某些功能虽属必要,但满足需要有余,在数量上超过了用户要求或标准功能水平,这将导致成本增加,给用户造成不合理的负担。不足功能是相对于过剩功能而言的,表现为产品整体功能或构配件功能水平在数量上低于标准功能水平,不能完全满足用户需要,将影响产品正常安全使用,最终也将给用户造成不合理的负担。因此,不足功能和过剩功能要作为价值工程的对象,通过设计进行改进和完善。

(5) 按总体与局部分类,产品的功能可划分为总体功能和局部功能。总体功能和局部功能是目的与手段的关系,产品各局部功能是实现产品总体功能的基础,而产品的总体功能又是产品各局部功能要达到的目的。

（6）按功能整理的逻辑关系分类，产品的功能可以分为并列功能和上下位功能。并列功能是指产品功能之间属于并列关系，如住宅必须具有遮风、避雨、保温、隔热、采光、通风、隔声、防潮、防火、防震等功能，这些功能之间是属于并列关系的。上下位功能也是目的与手段的关系，上位功能是目的性功能，下位功能是实现上位功能的手段性功能。如住宅的最基本功能是居住，是上位功能；而上述所列的并列功能则是实现居住目的所必需的下位功能。但上下位关系是相对的，如为达到居住的目的必须通风，则居住是目的，是上位功能；通风是手段，是下位功能。而为了通风必须组织自然通风，则通风又是目的，是上位功能；组织自然通风是手段，是下位功能。

上述功能的分类不是功能分析的必要步骤，而是用以分辨确定各种功能的性质、关系和其重要的程度。价值工程正是抓住产品功能这一本质，通过对产品功能的分析研究，正确、合理地确定产品的必要功能、消除不必要功能，加强不足功能、削弱过剩功能，改进设计，降低产品成本。因此，可以说价值工程是以功能为中心，在可靠地实现必要的功能基础上来考虑降低产品成本的。

2）功能定义过程

功能定义就是根据收集到的信息资料，透过对象产品或构配件的物理特征（或现象），找出其效用或功用的本质，并逐项加以区分和规定，以简洁的语言描述出来。通常用一个动词加一个名词表述，如传递荷载、分隔空间、保温、采光等。这里要求描述的是产品的"功能"，而不是对象的结构、外形或材质。因此，对产品功能进行定义，必须对产品的作用有深刻的认识和理解，功能定义的过程就是解剖分析的过程，如图 6.2 所示。

图 6.2　功能定义过程

功能定义的目的如下。

（1）明确对象产品和组成产品各构配件的功能，借以弄清产品的特性。

（2）便于进行功能评价，通过评价弄清哪些是价值低的功能和有问题的功能，实现价值工程的目的。

（3）便于构思方案，对功能下定义的过程实际上也是为对象产品改进设计的构思过程，为价值工程的方案创造工作阶段做了准备。

2. 功能整理

产品中各功能之间都是相互配合、相互联系的，都在为实现产品的整体功能而发挥各自的作用。因此，功能整理是用系统的观点将已经定义了的功能加以系统化，找出各局部功能相互之间的逻辑关系是并列关系还是上下位置关系，并用图表形式表达（见图 6.3），以明确产品的功能系统，从而为功能评价和方案构思提供依据。

在图 6.3 中，从整体工程 F 开始。由左向右逐级展开，在位于不同级的相邻两个功能之间，左边的功能（上级）是右边功能（下级）的目标，而右边的功能（下级）是左边功能（上级）的手段。

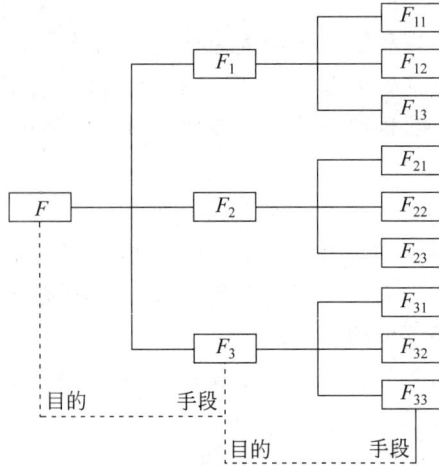

图 6.3　功能系统图

3. 功能评价

功能评价是在功能定义和功能整理完成之后,在已定性确定问题的基础上进一步做定量的确定,即评定功能的价值。功能价值 V 的计算方法可分为两大类,即功能成本法与功能指数法。下面仅介绍功能成本法。

1) 功能评价的程序

价值工程的成本有两种:一种是现实成本,是指目前的实际成本;另一种是目标成本。功能评价就是找出实现功能的最低费用并作为功能的目标成本,以功能目标成本为基准,通过与功能现实成本的比较,求出两者的比值(功能价值)和两者的差异值(改善期望值),然后选择功能价值低、改善期望值大的功能作为价值工程活动的重点对象。功能评价的程序如图 6.4 所示。

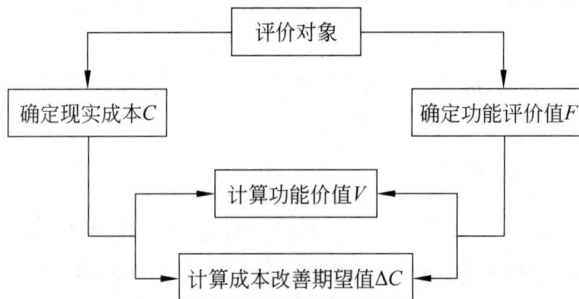

图 6.4　功能评价的程序

2) 功能现实成本的计算

功能现实成本的计算与一般传统的成本核算既有相同点,也有不同之处。两者相同点是指它们在成本费用的构成项目上是完全相同的;而两者的不同之处在于功能现实成本的计算是以对象的功能为单位,而传统的成本核算是以产品或构配件为单位。因此,在计算功能现实成本时,就需要根据传统的成本核算资料,将产品或构配件的现实成本换算成功能的现实成本。具体来讲,当一个构配件只具有一个功能时,该构配件的成本就是它本身的功能成本;当一项功能要由多个构配件共同实现时,该功能的成本就等于这些构配件的成本之和。当一个构配件具有多项功能或同时与多项功能有关时,就需要将构配件成本分摊给各项有关功能,至于分摊的方法和分摊的比例,可根据具体情况决定。表 6.2 所示即为一项功能由若干零部件组成或一个零部件具有几个功能的情形。

表 6.2　功能现实成本计算表

零 部 件			功能区或功能领域					
序号	名称	成本/元	F_1	F_2	F_3	F_4	F_5	F_6
1	甲	300	100		100			100
2	乙	500		50	150	200		100
3	丙	60				40		20
4	丁	140	50	40			50	
		C	C_1	C_2	C_3	C_4	C_5	C_6

3）功能评价值 F 的计算

对象的功能评价值 F（目标成本）,是指可靠地实现用户要求功能的最低成本,可以根据图纸和定额,也可根据国内外先进水平或市场竞争的价格等来确定。它可以理解为是企业有把握,或者说应该达到的实现用户要求功能的最低成本。从企业目标的角度来看,功能评价值可以看作企业预期的、理想的成本目标值,常用功能重要性系数评价法计算。

4）计算功能价值 V,分析成本功能的合理匹配程度

应用功能成本法计算功能价值 V,是通过一定的测算方法,测定实现应有功能所必须消耗的最低成本,同时计算为实现应有功能所耗费的现实成本,经过分析、对比,求得对象的价值系数和成本降低期望值,确定价值工程的改进对象。其表达式如下:

$$V_i = \frac{F_i}{C_i} \tag{6.2}$$

式中,V_i——第 i 个评价对象的价值系数;

　　F_i——第 i 个评价对象的功能评价值（目标成本）;

　　C_i——第 i 个评价对象的现实成本。

【例 6.1】　某项目施工方案 A 的生产成本为 500 万元;在相同条件下,其他项目生产成本为 450 万元。这可以表示如下。

施工方案 A 功能评价值:450 万元。

施工方案 A 功能的实际投入:500 万元。

施工方案 A 的价值:450/500＝0.9。

如果施工方案 B 花费 450 万元能完成该项目施工,则

施工方案 B 功能评价值:450 万元。

施工方案 B 功能的实际投入:450 万元。

施工方案 B 的价值：$450/450=1$。

从例 6.1 可以看出，最恰当的价值应该为 1，因为要满足用户要求的功能而最理想、最值得的投入与实际投入一致。但在一般情况下价值往往小于 1，因为技术不断进步，"低成本"战略将日趋被重视，竞争也将更激烈。随之，同一产品的功能评价值也将降低。

根据式(6.2)，功能的价值系数不外乎以下几种结果。

(1) $V_i=1$，表示功能评价值等于功能现实成本。这表明评价对象的功能现实成本与实现功能所必需的最低成本大致相当，说明评价对象的价值为最佳，一般无须改进。

(2) $V_i<1$，此时功能现实成本大于功能评价值。表明评价对象的现实成本偏高，而功能要求不高，一种可能是存在着过剩的功能；另一种可能是功能虽无过剩，但实现功能的条件或方法不佳，以致使实现功能的成本大于功能的实际需要。

(3) $V_i>1$，说明该评价对象的功能比较重要，但分配的成本较少，即功能现实成本低于功能评价值。应具体分析，可能功能与成本分配已较理想，或者有不必要的功能，或者应该提高成本。

(4) $V_i=0$，因为只有分子为 0，或分母为 ∞ 时，才能是 $V_i=0$。根据上述对功能评价值 F 的定义，分子不应为 0，而分母也不会为 ∞，要进一步分析。如果是不必要的功能，则取消该评价对象；但如果是最不重要的必要功能，要根据实际情况处理。

5) 确定价值工程对象的改进范围

从以上分析可以看出，对产品进行价值分析，就是使产品每个构配件的价值系数尽可能趋近于 1。为此，确定的改进对象如下。

(1) F_i/C_i 值低的功能。计算出来的 $V_i<1$ 的功能区域，基本上都应进行改进，特别是 V_i 值比 1 小得较多的功能区域，力求使 $V_i=1$。

(2) $\Delta C_i=(C_i-F_i)$ 值大的功能。ΔC_i 是成本降低期望值，也是成本应降低的绝对值。当 n 个功能区域的价值系数同样低时，就要优先选择 ΔC_i 数值大的功能区域作为重点对象。

(3) 复杂的功能。复杂的功能区域的功能是通过很多构配件(或作业)来实现的，通常复杂的功能区域的价值系数也较低。

(4) 问题多的功能。尽管在功能系统图上的任何一级改进都可以达到提高价值的目的，但是改进的多少、取得效果的大小却是不同的。越接近功能系统图的末端，改进的余地越小，越只能作结构上的小改小革；相反，越接近功能系统图的前端，功能改进就可以越大，就越有可能作原理上的改变，从而带来显著效益。

6.2.4　价值工程创新阶段

1. 方案创造

方案创造是从提高对象的功能价值出发，在正确的功能分析和评价的基础上，针对应改进的具体目标，通过创造性的思维活动，提出能够可靠地实现必要功能的新方案。比如，通过功能分析，找出现存的全部功能，尤其是隐藏着、尚未觉察到的功能，进行恰当的剔除、缩减、利用、增添、补足，从而确定合理的必要功能。在此基础上，进行功能联合，提高必要的功能水平，改进各种必要功能的实现方式，实现标准化、系列化、通用化、模块化、程序化、自动化、柔性化，充分发挥必要功能的效能，发现新原理，创立新功能，提高美学功能等，从而创造出新的方案。

方案创造的理论依据是功能载体具有替代性。方案创造的方法很多，如头脑风暴法、歌顿法（模糊目标法）、专家意见法（德尔菲法）、专家检查法等。总的精神是要充分发挥各有关人员的智慧，集思广益，多提方案，从而为评价方案创造条件。

2. 方案评价

方案评价是在方案创造的基础上对若干新构思的方案进行技术、经济、社会和环境效果等方面的评价，以便于选择最佳方案。方案评价分为概略评价和详细评价两个阶段，其过程如图 6.5 所示。

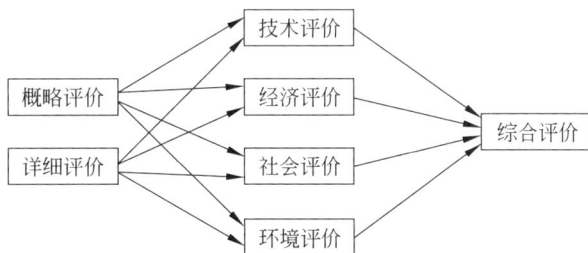

图 6.5　方案评价过程

概略评价是对新构思方案进行初步研究，其目的是从众多的方案中进行粗略的筛选，以减少详细评价的工作量，使精力集中于优秀方案的评价。

详细评价是对经过筛选后的少数方案再具体化，通过进一步的调查、研究和评价，最后选出最令人满意的方案。其评价结论是方案审批的依据。

无论是概略评价还是详细评价都包括技术评价、经济评价、社会评价和环境评价四方面。其中，技术评价围绕功能进行，内容是方案能否实现所需功能以及实现程度，包括：功能实现程度（性能、质量、寿命等）、可靠性、可维修性、可操作性、安全性、系统协调性、环境协调性等。经济评价围绕经济效果进行，内容是以成本为代表的经济可行性，包括费用的节省、对企业或公众产生的效益，同时还应考虑产品的市场情况，同类竞争企业、竞争产品，产品盈利的多少和能保持盈利的年限。社会评价围绕社会效果进行，内容是方案对社会有利或有害的影响。环境评价围绕环境效果进行，内容是方案对环境的影响，如污染、噪声、能源消耗等。最后进行综合评价，选出最佳方案。

6.2.5　价值工程实施阶段

通过综合评价选出的方案，送决策部门审批后便可实施。为了保证方案顺利实施，应做到四个落实。

(1) 组织落实。即要把具体的实施方案落实到职能部门和有关人员。

(2) 经费落实。即要把实施方案所需经费的来源和使用安排落实好。

(3) 物资落实。即要把实施方案所需的物资、装备等落实好。

(4) 时间落实。即要把实施方案的起止时间及各阶段的时间妥善安排好。

在方案实施过程中,应该对方案的实施情况进行检查,发现问题应及时解决。方案实施完成后,要进行总结评价和验收。

习 题

一、单项选择题

1. 某分项工程施工采用方案 A 的成本为 5 万元,在相同条件下,采用其他方案的合理成本为 4.5 万元。对方案 A 实施价值工程,可以认为方案 A 的价值系数为( )。【2011 年】

    A. 0.90   B. 0.10   C. 0.53   D. 1.11

2. 对建设工程项目进行价值工程分析时,最关键的环节是( )。【2006 年】

    A. 设计方案优化   B. 施工管理

    C. 竣工结算管理   D. 材料采购控制

3. 下列关于价值工程特点的说法,正确的是( )。【2016 年】

    A. 价值工程的目标是降低产品的寿命周期成本

    B. 价值工程的核心是功能评价

    C. 价值工程沿用了事后成本计算办法

    D. 价值工程原理同时兼顾了生产者和用户的利益

4. 产品功能与成本关系如图 6.6 所示,C_1 表示生产成本,C_2 表示使用及维护成本,①、②、③、④点对应的功能均能满足用户需求,从价值工程的立场分析,较理想的组合是( )点。【2013 年】

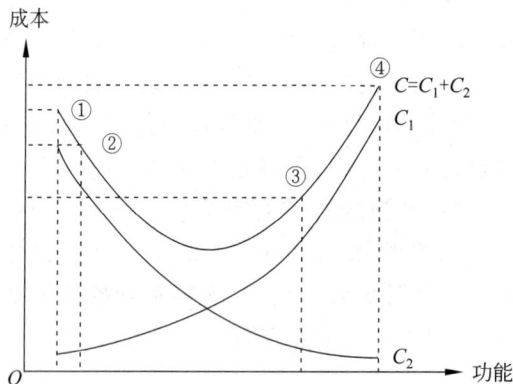

图 6.6 产品功能与成本关系

    A. ①   B. ②   C. ③   D. ④

5. 设计人防工程时,在考虑战时能发挥其隐蔽功能的基础上平时利用为地下停车场。这种提高产品价值的途径是( )。【2018 年】

    A. 改进型   B. 双向型   C. 节约型   D. 牺牲型

6. 某工程施工方案的计划工期为 350 天,对方案运用高价值工程原理,优化后工期缩

短了 10 天,可实现同样的功能,并降低了工程费用。根据价值工程原理,该价值提升的途径属于( )。【2020 年】

　　A. 功能提高、成本降低　　　　　　　　B. 功能提高、成本不变

　　C. 功能不变、成本降低　　　　　　　　D. 功能不变、成本不变

　　7. 价值工程功能评价的程序如图 6.7 所示,图中"＊"位置应进行的工作是( )。【2019 年】

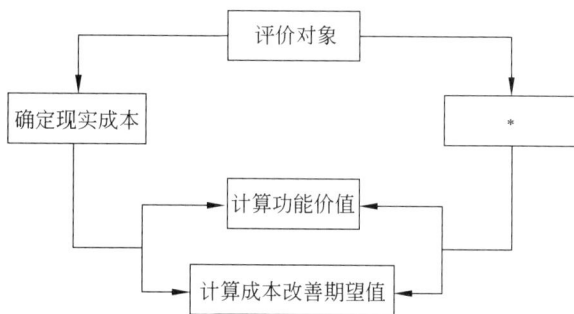

图 6.7　价值工程功能评价的程序

　　A. 整理功能之间的逻辑关系　　　　　　B. 确定功能评价值

　　C. 确定目标成本　　　　　　　　　　　　D. 确定基本功能

　　8. 相关数据如表 6.3 所示,应作为价值工程优先改进对象的是( )。【2016 年】

表 6.3　相关数据

项　　目	甲	乙	丙	丁
现实成本/元	1100	2350	—	—
目标成本/元	1000	2000	—	—
功能价值	0.909	0.831	1.089	0.921

　　A. 丙　　　　　　　　B. 丁　　　　　　　　C. 甲　　　　　　　　D. 乙

　　9. 关于价值工程中功能的价值系数的说法,正确的是( )。【2017 年】

　　A. 价值系数越大越好

　　B. 价值系数大于 1,表示评价对象存在多余功能

　　C. 价值系数等于 1,表示评价对象的价值为最佳

　　D. 价值系数小于 1,表示现实成本较低,而功能要求较高

　　10. 在对甲、乙、丙、丁四项功能进行功能评价时,它们的成本改善期望值分别为 $\Delta C_{甲}=-50,\Delta C_{乙}=-30,\Delta C_{丙}=30,\Delta C_{丁}=50$,则优先改进的对象是( )。【2014 年】

　　A. 甲　　　　　　　B. 乙　　　　　　　C. 丙　　　　　　　D. 丁

　　11. 某单位工程由甲、乙、丙和丁 4 个分部工程组成,相关数据如表 6.4 所示,运用价值工程原理判断,应作为优先改进对象的是( )。【2021 年】

表 6.4 分部工程相关数据

项 目	甲	乙	丙	丁
现实成本/万元	1100	2350	1220	1630
目标成本/万元	1000	2000	1230	1500
功能价值	0.909	0.851	1.008	0.920

  A. 甲   B. 乙   C. 丙   D. 丁

12. 对于建设工程利用价值工程原理提高技术方案技术效果最佳的阶段是( )。【2021 年】

  A. 生产与销售阶段   B. 规划与设计阶段

  C. 使用与报废阶段   D. 生产与使用阶段

13. 工程产品中,从设计方面宜优先作为价值工程研究对象的是( )。【2022 年】

  A. 结构复杂、性能和技术指标较差的工程产品

  B. 用户意见少且竞争力较强的工程产品

  C. 成本较低或占总成本比重较小的工程产品

  D. 工艺简单、原材料能耗较低、质量有一定保障的工程产品

14. 价值工程中产品功能与成本的关系图如图 6.8 所示,关于图中两者关系的说法,正确的( )。【2022 年】

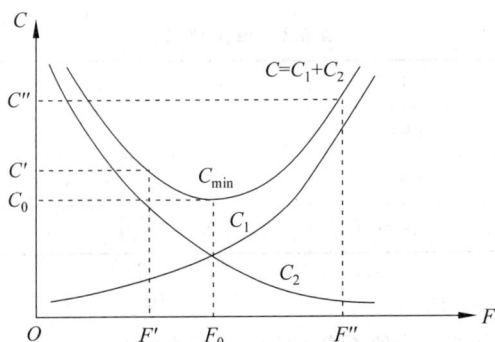

图 6.8 产品功能与成本的关系图

  A. 随着产品功能水平 F 提高,生产成本 C_1 降低,使用及维护成本 C_2 增加

  B. 在 F' 处,产品的功能较少,生产成本 C_1、使用及维护成本 C_2 较低,寿命周期成本较低

  C. 在 F'' 处,产品功能较多,生产成本 C_1、使用及维护成本 C_2 均较高,寿命周期成本较高

  D. 在 F_0 时,产品满足必要的功能需求,生产成本 C_1、使用及维护成本 C_2 之和对应的寿命周期成本最低

15. 在价值工程的分析阶段,确定改进范围前应依次进行的工作是( )。【2022 年补考】

A. 功能整理—功能定义—功能评价—功能成本分析

B. 功能定义—功能评价—功能整理—功能成本分析

C. 功能整理—功能定义—功能成本分析—功能评价

D. 功能定义—功能整理—功能成本分析—功能评价

16. 价值工程分析中功能评价环节的程序如图 6.9 所示,图 6.9 中①对应的内容应为( )。【2022 年补考】

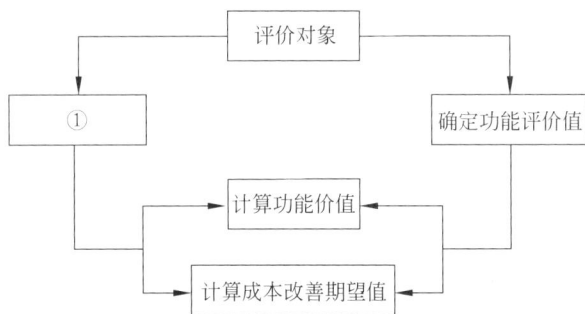

图 6.9　功能评价环节的程序

A. 定义功能　　　B. 确定现实成本　　　C. 确定目标成本　　　D. 进行功能分析

二、多项选择题

1. 关于价值工程特点的说法,正确的有( )。【2017 年】

A. 价值工程的核心是对产品进行功能分析

B. 价值工程并不单纯追求降低产品的生产成本

C. 价值工程要求将产品的功能定量化

D. 价值工程的目标是以最低的寿命周期成本使产品具备最大功能

E. 价值工程的主要工作是用传统的方法获得产品稳定的技术经济效益

2. 价值工程活动中功能评价前应完成的工作有( )。【2020 年】

A. 设计方案优化　　　　　　　　B. 方案创造

C. 方案评价　　　　　　　　　　D. 功能整理

E. 功能定义

3. 在价值工程活动中,进行功能评价以前完成的工作有( )。【2012 年】

A. 方案创造　　　　　　　　　　B. 方案评价

C. 对象选择　　　　　　　　　　D. 功能定义

E. 功能整理

4. 价值工程分析中,将功能按用户的需求分类,有必要功能和不必要功能,下列功能中,属于不必要的功能有( )。【2019 年】

A. 美学功能　　　B. 辅助功能　　　C. 多余功能

D. 重复功能　　　E. 过剩功能

5. 运用价值工程原理提高产品价值的途径有( )。【2021 年】

A. 通过采用新方案,既能提高产品功能,又能降低产品成本

B. 通过设计优化,在产品成本不变的前提下,提高产品功能

C. 在保证产品功能不变的前提下,通过组织管理措施降低产品成本

D. 适当增加产品成本,同时大幅度提高产品功能和适用性

E. 采用新材料,在保证产品功能不变的前提下,成本略有增加

6. 下列有关价值工程的特点说法,正确的是(　　)。【2022 年】

A. 价值工程的核心是对产品进行功能分析

B. 价值工程分析产品是在分析它的结构、材质基础上,再去分析它的功能

C. 价值工程追求最低的成本水平

D. 价值工程要求将功能定量化,即将功能转换为能够与成本直接相比的量化价值

E. 价值功能是以集体智慧开展的有计划、有组织、有领导的管理活动

7. 关于价值工程特点的说法,正确的有(　　)。【2022 年补考】

A. 价值工程的核心是对产品进行功能分析

B. 价值工程中的"价值"是指产品的使用价值

C. 价值工程是将产品价值、功能、成本作为一个整体同时考虑

D. 价值工程的目的是降低产品的生产成本

E. 价值工程是以集体智慧开展的管理活动

三、简答题

1. 价值工程的含义是什么?

2. 简述提高价值的五种途径。

3. 从哪几方面考虑价值工程对象的选择?

4. 简述价值工程分析中的必要功能和不必要功能。

5. 功能定义的目的是什么?

6. 为了保证方案顺利实施,应做到哪四个落实?

第7章　新技术、新工艺和新材料应用方案的技术经济分析

由于科学技术的不断进步，在工程建设领域，新技术、新工艺和新材料（以下统称"新技术"）也不断涌现。如基坑支护技术、高强高性能混凝土技术、建筑节能及新型墙体应用技术、超高层房屋建筑施工技术、大跨度预应力技术、超大跨度桥梁施工技术、地下工程盾构机制造技术、大型复杂成套设备安装技术等，这些对我国建筑业技术进步起到了强大的推动作用。但也应注意，对某些建筑新技术的应用，可能因为其本身的成熟度和风险、项目所在地、实施企业的原因带来消极的影响。因此，是否把这些新技术应用于工程建设，是需要认真考虑的问题。为此，做好新技术应用方案的技术经济分析就显得尤为重要。它要求我们提出合理的应用方案，以达到保证工程质量、降低工程成本、节约劳动消耗、缩短工期和减少污染以及提高工程建设的综合经济效果的目的。

工程建设新技术的范畴包括工程设计技术、工程材料、工程结构、施工工艺、环境技术、设备系统、节能、工程安全和防护技术等。新技术所涉及的"新"是相对的、有条件的、可变的。世上任何一项新技术都不是凭空产生的，都是根据特定的需要，针对一定的条件研制、发展而成的，对不同的对象有不同的适宜性和条件性。这也就是为什么多种新技术在相当长时期内能够同时并存、竞相发展。

住房和城乡建设部修订的《建筑业10项新技术（2017）》与2010年版本相比，分项技术删减54项，更新24项，新增53项。增加了装配式混凝土结构技术、BIM技术、云计算、物联网等新技术。图7.1～图7.3所示为3D打印、装配式建筑等新技术在实际工程中的应用。

图7.1　深圳宝安 3D 打印公园

图 7.2　上海宝山顾村镇装配式住宅封顶

图 7.3　中冶盘古鑫苑装配式住宅交房

7.1　新技术、新工艺和新材料应用方案的选择原则

在现代工程建设中,在满足业主功能要求和有关技术法规的条件下,都可通过不同的技术、工艺和材料方案来完成,但在完成工程建设过程中,不同方案取得的技术经济效果是不同的。所以对新技术方案进行技术经济分析,通过分析、对比、论证来寻求最佳新技术方案。一般说来,选择新技术方案时应遵循以下原则。

7.1.1　技术上先进、可靠、安全、适用

选择先进、可靠、安全、适用的新技术应用方案可以取得多方面的效果。其中主要表现在以下方面。

1. 技术先进性

备选的新技术应用方案一般要比企业现有的技术先进,力争有较强的行业竞争力。技术先进性可以通过各种技术经济指标体现出来,主要有:降低原材料和能源消耗,缩短工艺流程,提高劳动生产率,有利于保证和提高产品质量,提高自动化程度,有益于人身安全,减轻工人的劳动强度,减少污染、消除公害,有助于改善环境。同时,有利于缩小与国外先进水平的差距。

2. 技术可靠性

备选的新技术应用方案必须是成熟的、稳定的,有可借鉴的企业或项目;对尚在试验阶段的新技术应采取积极慎重的态度;采用转让取得的技术,要考虑技术来源的可靠性,主要表现在技术持有者信誉好,愿意转让技术,且转让条件合理,知识产权经过确认。同时,备选方案的技术能够实现方案设定的目标,对产品的质量性能和方案的生产能力有足够的保证程度,能防范和积极避免因方案技术可靠性不足而产生的资源浪费。

3. 技术安全性

备选的新技术应用方案必须考虑是否会对操作人员造成人身伤害,有无保护措施;"三废"和噪声的产生和治理情况是否会影响周边环境,应使选择的方案有利于环境保护和尽

量少排放废气、废水和固体废弃物,降低噪声。

4. 技术适用性

备选的新技术应用方案必须考虑对当地资源的适用性(包括原材料、人力资源、环境资源),充分发挥企业和方案所在地的资源优势,适应方案特定的资源、经济、社会等方面的条件,降低原材料特别是能源的消耗,改善生产条件,提高产品质量,同时有利于充分发挥企业原有的技术装备和技术力量。

7.1.2 综合效益上合理

综合效益上合理就是要综合考虑新技术应用方案的投资、成本、质量、工期、社会、环境、经济效益等因素,主要体现为以下两方面。

1. 方案经济性

要根据备选的新技术应用方案的具体情况,分析方案的投资费用、劳动力需要量、能源消耗量、生产成本等,比选各备选方案的成本和产品性能需求,选择"性价比"较高——经济合理性的方案为较优方案。但须注意,在进行方案经济性比选时各备选方案必须具备可比性,即比选时要充分考虑各备选方案在满足需要、消耗费用、价格、时间因素、原始数据资料等方面的可比性。

2. 效益综合性

方案效益综合性是指技术、经济、社会和环境相结合,在选择方案时,不仅要考虑技术和经济问题,还要对社会影响和环境影响给予必要的考虑,避免产生不良的社会问题和环境问题。

通常情况下,上述原则是一致的。但有时也存在相互矛盾的情形,此时就要综合考虑几方面的得失。一般来说,在保证功能和质量、不违反劳动安全与环境保护的原则下,经济合理应是选择新技术应用方案的主要原则。

7.2 新技术、新工艺和新材料应用方案的技术分析

7.2.1 新技术应用方案的技术经济分析方法分类

(1) 对新技术应用进行技术经济分析,常常按分析的时间或阶段不同分为事前和事后进行的技术经济分析,设计阶段和施工阶段进行的技术经济分析。

(2) 按分析的内容不同,新技术应用方案的技术经济分析分为技术分析、经济分析和综合分析。

(3) 新技术应用方案的技术经济分析方法包括定性分析和定量分析。

① 定性分析主要是依靠人的丰富实践经验以及主观的判断和分析能力,评述影响新技术应用方案的各种因素及其影响程度,或者是把新技术应用方案的各个方面与目标要求进行比较,分析新技术应用方案对目标的满足程度。如施工新技术方案是否先进可行,是

否满足施工进度安排要求,是否满足施工连续性和均衡性,是否与工程要求相符,是否充分利用场地,能否体现文明施工,是否有适当的技术和管理水平等。

② 定量分析就是对各项指标进行数据计算,通过量的分析比较,对各个新技术应用方案进行技术经济评价。

定性比选适合于新技术应用方案比选的初级阶段,在一些比选因素较为直观且不复杂的情况下,定性比选简单易行。如在新技术应用方案比选中,由于安全环保的限制可以一票否决,没有必要比较下去,此时定性分析即能满足比选要求。在较为复杂的新技术应用方案比选工作中,一般先经过定性分析,如果直观很难判断各个备选方案的优劣,再通过定量分析,论证其经济效益的大小,据以判别备选方案的优劣。有时,由于诸多因素如可靠性、社会环境、人文因素等很难量化,不能完全由技术经济指标来表达的,通常采用专家评议法,组织专家进行定性和定量分析相结合的评议,采用加权或不加权的计分方法进行综合评价比选。

(4) 按比选对象不同,新技术应用方案的技术经济分析分为有无对比、横向对比。

① 有无对比。在已有的技术方案基础上应用新技术方案,则这种复合方案叫作"有方案";不应用新技术方案,继续使用已有的技术方案,则叫作"无方案"。有无对比就是对比"有方案"与"无方案"的投入产出效益。

② 横向对比。比较同一行业类似方案在投入、产出、资源消耗、能源节约、环境保护、费用、效益、技术水平等方面的指标。不同行业的方案、同一行业规模相差太大的方案,均不宜横向对比。横向对比多用于竞争力分析。

(5) 按比选尺度不同,新技术应用方案的技术经济分析分为规制对比、标准对比。

① 规制对比。就是将方案与规制进行对比,以判定方案是否合法。规制包括国家、地方和各级政府部门颁布的法律、法规、政策、规划、部门规章和项目批复文件,以及合同等。规制是政府行政主管部门干预项目的重要依据。

② 标准对比。将方案的可验证指标与标准对比,以检验方案在技术上是否合法、合理、科学和有效。新技术应用方案常用的对比标准有:工程建设标准规范(其中的强制性条文必须执行,不符合强制性条文的技术方案视为违法,造成严重事故的要依法追究责任)、设备或产品标准(设备和产品要达到国家安全与卫生强制性认证的要求)、工程量清单计价规范与预算定额。

7.2.2 新技术应用方案的技术分析

新技术应用方案的技术分析,是通过对其方案的技术特性指标和技术条件指标进行对比与分析来完成的。

1. 技术特性指标

不同的技术有不同的技术特性,如结构工程中混凝土工艺方案的技术性指标可用现浇混凝土强度、现浇工程总量、最大浇筑量等表示;安装工程则可用安装"构件"总量、最大尺寸、最大重量、最大安装高度等表示。

2. 技术条件指标

反映技术条件的指标很多,在建设工程中常用的有:方案占地面积;所需的主要材料构配件等资源是否能保证供应;所需的主要专用设备是否能保证供应;所需的施工专业化协作、主要专业工种工人是否能保证供应;采用的方案对工程质量的保证程度,对社会运输能力的要求及能否得到服务,对市政公用设施的要求及能否得到服务;采用的方案可能形成的施工公害或污染情况;采用的方案抗拒自然气候条件影响的能力;采用的方案要求的技术复杂程度和难易程度以及对技术准备工作的要求,施工的安全性如何;采用的方案对前道工序的要求和为后续工序创造的条件等。

3. 新技术应用方案技术比较分析

在进行新技术应用方案技术比较分析时,一般可从以下几个方面着手。

(1)分析与实施工程相关的国内外新技术应用方案,比较优缺点和发展趋势,选择先进适用的应用方案。

(2)拟采用的新技术和新工艺应用方案应与采用的原材料相适应;新材料应用方案应与采用的工艺技术相适应。

(3)分析应用方案的技术来源的可得性,若采用引进技术或专利,应比较所需费用。

(4)分析应用方案是否符合节能、环保的要求。

(5)分析应用方案对工程质量的保证程度。

(6)分析应用方案各工序间的合理衔接,工艺流程是否通畅、便捷。

7.3　新技术、新工艺和新材料应用方案的经济分析

在工程建设中,在不同的技术、工艺和材料方案中只能选择一个方案实施,即方案之间具有互斥性。常用的静态分析方法有增量投资分析法、年折算费用法、综合总费用法等;常用的动态分析方法有净现值(费用现值)法、净年值(年成本)法等。下面仅介绍几种静态分析方法。

7.3.1　增量投资收益率法

在评价方案时,常常会有新技术方案的一次性投资额较大,但年经营成本(或生产成本)较低;而对比"旧"方案的一次性投资额虽较低,但其年经营成本(或生产成本)较高的情况。这样,投资大的新方案与投资小的旧方案就形成了增量的投资,但投资大的新方案比投资小的旧方案在经营成本(或生产成本)上又带来了节约。此时就可通过计算增量投资收益率,以此判断对比方案相对经济效果,据此选择方案。

所谓增量投资收益率,就是增量投资所带来的经营成本(或生产成本)上的节约与增量投资之比。

现设 I_1、I_2 分别为旧、新方案的投资额,C_1、C_2 为旧、新方案的经营成本(或生产成本)。如 $I_2 > I_1$,$C_2 < C_1$,则增量投资收益率 R_{2-1} 为

$$R_{2-1} = \frac{C_1 - C_2}{I_2 - I_1} \times 100\% \tag{7.1}$$

当 R_{2-1} 大于或等于基准投资收益率时,表明新方案是可行的;当 R_{2-1} 小于基准投资收益率时,则表明新方案是不可行的。

【例 7.1】 某工程施工现有两个对比技术方案。方案 1 是过去曾经应用过的,需投资 120 万元,年生产成本为 32 万元;方案 2 是新技术方案,在与方案 1 应用环境相同的情况 下,需投资 160 万元,年生产成本为 26 万元。设基准投资收益率为 12%,试运用增量投资 收益率法选择方案。

解:由式(7.1)得

$$R_{2-1} = \frac{C_1 - C_2}{I_2 - I_1} \times 100\% = \frac{32 - 26}{160 - 120} \times 100\% = \frac{6}{40} \times 100\% = 15\% > 12\%$$

这表明新技术方案在经济上是可行的。

7.3.2 折算费用法

(1) 当方案的有用成果相同时,一般可通过比较费用的大小,来决定优劣和取舍。

① 在采用方案要增加投资时,可通过式(7.2)比较各方案折算费用的大小进而选择方 案,即

$$Z_j = C_j + P_j R_c \tag{7.2}$$

式中,Z_j——第 j 方案的折算费用;

C_j——第 j 方案的生产成本;

P_j——用于第 j 方案的投资额(包括建设投资和流动资金);

R_c——基准投资收益率。

在多方案比较时,可以选择折算费用最小的方案,即 $\min\{Z_j\}$ 为最优方案。这与增量 投资收益率法的结论是一致的。

【例 7.2】 数据与例 7.1 相同,试运用折算费用法选择方案。

解:由式(7.2)计算得

$$Z_1 = C_1 + P_1 R_c = 32 + 120 \times 12\% = 46.4(万元)$$
$$Z_2 = C_2 + P_2 R_c = 26 + 160 \times 12\% = 45.2(万元)$$

因为 $Z_1 > Z_2$,这表明新技术方案在经济上是可行的。

② 在采用方案不增加投资时,从式(7.2)可知:$Z_j = C_j$,故可通过比较各方案生产成本 的大小来选择方案,即

$$C_j = C_{Fj} + C_{uj}Q \tag{7.3}$$

式中,C_{Fj}——第 j 方案固定费用(固定成本)总额;

C_{uj}——第 j 方案单位产量的可变费用(可变成本);

Q——生产的数量。

【例 7.3】 某施工项目现有两个对比工艺方案,方案 1 是过去曾经应用过的,方案 2 是 新技术方案,两方案均不需增加投资。但应用方案 1 需固定费用 60 万元,单位产量的可变 费用为 300 元;应用方案 2 需固定费用 80 万元,单位产量的可变费用为 250 元。设生产数 量为 10000 个单位,试运用折算费用法选择方案。

解:由式(7.3)得

$$C_1 = C_{F1} + C_{u1}Q = 60 + 300 \times 1 = 360(万元)$$
$$C_2 = C_{F2} + C_{u2}Q = 80 + 250 \times 1 = 330(万元)$$

因为 $C_1 > C_2$,这表明新技术方案在经济上是可行的。

(2) 当方案的有用成果不相同时,一般可通过方案费用的比较来决定方案的使用范围,进而取舍方案。通常可用数学分析的方法和图解的方法来进行。

首先运用式(7.3)列出对比方案的生产成本,即

$$C_1 = C_{F1} + C_{u1}Q$$
$$C_2 = C_{F2} + C_{u2}Q$$

据此可绘出对比方案的生产成本与产量的关系曲线,如图 7.4 所示。

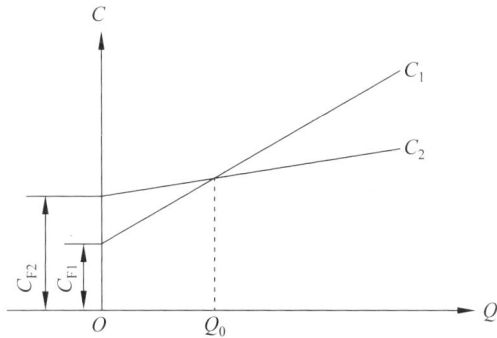

图 7.4 生产成本与产量关系

由图 7.3 可知,当 $Q = Q_0$(临界产量)时,$C_1 = C_2$,则

$$Q_0 = \frac{C_{F2} - C_{F1}}{C_{u1} - C_{u2}} \tag{7.4}$$

式中,C_{F1}、C_{F2}——方案 1、方案 2 的固定费用;

C_{u1}、C_{u2}——方案 1、方案 2 的单位产量的可变费用。

当产量 $Q > Q_0$ 时,方案 2 优;当产量 $Q < Q_0$ 时,方案 1 优。

【例 7.4】 数据与例 7.3 相同,试运用折算费用法确定两方案的使用范围。

解:由式(7.4)得

$$Q_0 = \frac{C_{F2} - C_{F1}}{C_{u1} - C_{u2}} = \frac{(80 - 60) \times 10000}{300 - 250} = 4000(生产单位)$$

当产量 $Q > 4000$ 时,方案 2 优;当产量 $Q < 4000$ 时,方案 1 优。

7.3.3 其他指标分析

1. 劳动生产率指标

劳动生产率(labour productivity)是指劳动者在一定时期内创造的劳动成果与其相适应的劳动消耗量的比值。劳动生产率水平可以用同一劳动在单位时间内生产某种产品的数量来表示,单位时间内生产的产品数量越多,劳动生产率就越高;也可以用生产单位产品所耗费的劳动时间来表示,生产单位产品所需要的劳动时间越少,劳动生产率就越高。

劳动生产率指标可按下式计算:

$$P_j = \frac{Q_j}{M_j(1 + \alpha_j)} \tag{7.5}$$

式中，P_j——第 j 方案的工人劳动生产率；

    Q_j——第 j 方案的产量；

    M_j——第 j 方案所确定的生产工人人数；

    α_j——第 j 方案的辅助工系数。

2. 缩短工期节约的固定费用

由于缩短工程工期节约的固定费用可按下式计算：

$$G_j = C_{Fj}\left(1 - \frac{T_j}{T_0}\right) \tag{7.6}$$

式中，G_j——第 j 方案缩短工期节约的固定费用；

    C_{Fj}——第 j 方案工程成本中的固定费用；

    T_j——第 j 方案的工期；

    T_0——预定工期（或合同工期）。

3. 缩短工期的生产资金节约额

因缩短工期而减少流动资金和固定资金的占用额可按下式计算：

$$F_j = f_j\left(1 - \frac{T_j}{T_0}\right) \tag{7.7}$$

式中，F_j——第 j 方案缩短工期生产资金节约额；

    f_j——第 j 方案资金平均占用额（月流动资金平均占用额＋该项工程固定资金占用额）。

4. 缩短工期提前投产的经济效益

$$S_j = B_j(T_0 - T_j) \tag{7.8}$$

式中，S_j——因工程提前投产带来的经济效益；

    B_j——投产一日可获得利润；

    $T_0 - T_j$——工程比预定工期（或合同工期）提前完工的日数。

总之，一种新技术能否在生产中得到应用，主要是由它的实用性和经济性决定的，而实用性往往又以其经济性为前提条件，经济性差的则难以应用。

7.3.4 新技术应用方案的技术经济综合分析

建设工程新技术应用方案的技术经济综合分析是在各方案技术、经济、社会和环境分析的基础上对各备选方案进行综合比选。

根据不同的评价目的、不同的技术类型和实际情况，可以运用于新技术应用方案的综合比选方法有许多；而且针对不同方案的内容，新技术应用方案的技术经济综合比选和侧重点也各有不同。现仅就常用的简单评分法和加权评分法介绍如下。

1. 简单评分法

简单评分法的基本思路是将所评价技术方案的多项指标转换为一个综合指标，以此综合指标值的大小作为评价技术方案的依据。其分析步骤如下。

（1）确定技术方案的评价标准。根据新技术应用方案的特点，可以采用技术先进性、技术适用性、技术可靠性、技术安全性、技术环保性和技术经济性等指标。

（2）对各备选方案的各项指标进行评价。由评价专家对备选方案按照各项指标的评价标准进行评价，剔除不能满足最低要求的方案。

（3）根据对各项指标标准的满足程度确定备选方案各项指标的评分值。为了使不同性质和量纲的指标能够进行评价比较，按技术方案对各项指标所规定标准的满足程度，采用百分制、十分制、五分制或某个比数给予评分。

（4）计算综合指标值。将技术方案各项指标评分值加总平均，即为该备选方案的综合指标值。

将不同技术方案的综合指标值按大小排列，即可对各备选方案的优越性进行排序，最后根据综合指标值选出最优方案。

【例7.5】 某工程有A、B、C三个备选的技术方案，确定采用技术先进性、技术适用性、技术可靠性、技术安全性、技术环保性和技术经济性六项标准进行评价，各方案的指标评分如表7.1所示。应用简单评分法对三个方案进行排序，并提出推荐方案。

表7.1　技术方案评分表

序号	标准	方案A	方案B	方案C
1	技术先进性	75	90	70
2	技术适用性	85	80	80
3	技术可靠性	95	65	75
4	技术安全性	65	70	80
5	技术环保性	70	75	65
6	技术经济性	80	50	85
	方案综合指标值	78.33	71.67	75.83

解：应用简单评分法，将备选方案的各项指标评分值加总平均，得出A、B、C各方案的综合指标值分别为78.33、71.67和75.83。方案综合指标值的顺序为：A方案最高，C方案次之，B方案最低。因此，推荐A方案。

2. 加权评分法

加权评分法是在简单评分法基础上的一种改进，其基本思想是由于技术方案各项指标的重要性程度不同，因此根据各项指标重要程度的差异分别给予不同的权重，然后计算各方案的加权综合指标值，得出各方案的排序，据此选择方案。

【例7.6】 按照例7.5，如果六项指标的权重分别是：先进性为0.15，适用性为0.15，可靠性为0.25，安全性为0.20，环保性为0.10，经济性为0.15。应用加权评分法对方案进行重新排序，并提出推荐方案。

解：重新计算三个方案各项指标的加权分，如表7.2所示。则A、B、C各方案的加权综合指标值分别为79.75、70.75和76.50，本例三个方案的加权综合指标值排序未变，仍然是推荐A方案。

表 7.2　技术方案加权评分表

序号	标　准	权重	方案 A		方案 B		方案 C	
			指标评分	加权分	指标评分	加权分	指标评分	加权分
1	技术先进性	0.15	75	11.25	90	13.50	70	10.50
2	技术适用性	0.15	85	12.75	80	12.00	80	12.00
3	技术可靠性	0.25	95	23.75	65	16.25	75	18.75
4	技术安全性	0.20	65	13.00	70	14.00	80	16.00
5	技术环保性	0.10	70	7.00	75	7.50	65	6.50
6	技术经济性	0.15	80	12.00	50	7.50	85	12.75
合　计		1.00		79.75		70.75		76.50

习　　题

一、单项选择题

1. 下列新技术特性中,属于技术可靠性的是(　　)。【2020 年】

　　A. 自动化程度高　　　　　　　　　B. 三废排放少

　　C. 有利用当地资源的优势　　　　　D. 有工业化应用业绩

2. 某施工项目欲引进甲或乙两项先进的施工技术,假设两种技术工艺的生产效率相同,引进甲技术一次性投资为 800 万元,年生产成本为 60 万元;引进乙技术一次性投资为 1200 万元,年生产成本为 24 万元。设基准收益率为 8%,则下列说法正确的是(　　)。【2013 年】

　　A. 应该引进甲技术　　　　　　　　B. 应该引进乙技术

　　C. 增量投资收益率为 10.25%　　　D. 甲技术的折算费用为 804.8 万元

3. 甲、乙、丙、丁方案的投资额依次是 60 万元、80 万元、100 万元、120 万元。年运行成本依次是 16 万元、13 万元、10 万元和 6 万元,各方案应用环境相同。设基准投资率为 10%。则采用折算费用法选择的最优方案为(　　)。【2011 年】

　　A. 丁　　　　　　　B. 甲　　　　　　　C. 乙　　　　　　　D. 丙

4. 某企业生产线原有一套旧方案,目前市场上有三种新方案可供选择。四种方案均不需要增加投资,各方案所需固定费用以及单位可变费用如表 7.3 所示,当生产数量为 5000 个单位时,在经济上可行的方案是(　　)。【2014 年】

表 7.3　各方案所需固定费用以及单位可变费用

项　目	旧方案	新方案 1	新方案 2	新方案 3
固定费用/万元	31	33	27	40
单位可变费用/元	210	190	220	180

A. 旧方案　　　　B. 新方案 1　　　　C. 新方案 2　　　　D. 新方案 3

5. 某工程钢筋加工有现场制作和外包加工两种方案。现场制作方案的固定费用为 20 万元；每吨加工费用为 200 元；外包加工每吨加工费用为 600 元。则仅从经济上考虑时，外包加工方案的适用范围是钢筋总加工量在（　　）。【2015 年】

A. 500 吨以下　　B. 500 吨以上　　C. 500～1000 吨　　D. 1000 吨以上

6. 某工程有 A、B、C、D 备选的技术方案，确定采用技术先进性、技术安全性、技术经济性三个指标进行评价，各指标的权重及评分如表 7.4 所示，应用加权评分法选择的最优方案是（　　）。【2017 年】

表 7.4　各指标的权重及评分

指　标	权重	指 标 评 分			
		方案 A	方案 B	方案 C	方案 D
技术先进性	0.3	75	90	85	70
技术安全性	0.5	85	80	75	80
技术经济性	0.2	95	65	80	85

A. 方案 A　　　　B. 方案 B　　　　C. 方案 C　　　　D. 方案 D

7. 某施工项目有四个可选择的技术方案，其效果相同。方案 1 需要投资 240 万元，年生产成本为 64 万元；方案 2 需要投资 320 万元，年生产成本为 52 万元；方案 3 需要投资 360 万元，年生产成本为 45 万元；方案 4 需要投资 400 万元，年生产成本为 36 万元。不考虑税收因素，当基准投资收益率为 12% 时，运用折算费用法选择的方案应是（　　）。【2021 年】

A. 方案 1　　　　B. 方案 2　　　　C. 方案 3　　　　D. 方案 4

8. 下列新技术应用方案属于技术适用性的是（　　）。【2022 年】

A. 有利于保证和提高产品质量，提高自动化程度

B. 对产品的质量性能和方案的生产能力有足够的保证程度

C. 必须考虑是否会对操作人员造成人身伤害，有无保护措施

D. 充分发挥企业和方案所在地的资源优势

9. 下列新技术应用方案的技术分析指标中，属于技术特性指标的是（　　）。【2022 年补考】

A. 结构工程中的现浇混凝土强度

B. 方案占地面积

C. 施工专业化协作保证程度

D. 施工方案可能形成的污染情况

10. 某施工项目有两个效果相同的对比技术方案，方案 1 用传统的技术，需要投资 240 万元，年生产成本为 64 万元；方案 2 用新技术，需要投资 320 万元，年产成本为 52 万元。不考虑税收因素，方案对比时的增量投资收益率是（　　）。【2022 年补考】

A. 1.67%　　　　B. 15.00%　　　　C. 20.71%　　　　D. 21.67%

二、多项选择题

1. 某施工项目有甲乙两个对比工艺方案,均不需要增加投资。采用甲方案需年固定费用 120 万元,单位产量可变费用为 450 元;采用乙方案需年固定费用 100 万元,单位产量可变费用为 500 元。下列关于该对比方案决策的说法,正确的有( )。【2019 年】

    A. 年产量为 5000 单位时,应选择乙方案

    B. 两方案年成本相等时的临界点产量为 4000 单位

    C. 年产量为 3000 单位时,应选择甲方案

    D. 应该选择甲方案,因为其单位产量可变费用低

    E. 两个方案总成本相等时,甲方案的单位产量固定成本大于乙方案

2. 某工程施工现有两个对比的技术方案,方案 1 需投资 200 万元,年生产成本为 120 万元;方案 2 与方案 1 应用环境相同的情形下,需投资 300 万元,年生产成本为 100 万元。设基准投资收益率为 10%,采用增量投资收益率法选择方案,正确的有( )。【2020 年】

    A. 方案 2 与方案 1 相比,增量投资收益率为 10%

    B. 方案 2 与方案 1 相比,在经济上可行

    C. 当基准投资收益提高为 15% 时,方案 2 优于方案 1

    D. 方案 2 比方案 1 投资高出 50%,超过基准收益率,经济上不可行

    E. 当基准投资收益率降低于 8% 时,方案 1 优于方案 2

三、简答题

1. 技术应用方案技术先进性主要表现在哪里?

2. 技术应用方案技术可靠性主要表现在哪里?

3. 什么是技术应用方案的经济性?

4. 简述新技术应用方案技术经济分析的有无对比和横向对比。

5. 在进行新技术应用方案技术比较分析时,一般可从几个方面着手?

6. 简述新技术应用方案的简单评分法。

参 考 文 献

［1］全国一级建造师执业资格考试用书编写委员会.工程经济［M］.北京：中国建筑工业出版社，2022.

［2］中华人民共和国发展和改革委员会，中华人民共和国住房和城乡建设部.建设项目经济评价方法与参数［M］.3版.北京：中国计划出版社，2006.

［3］申艳玲.国际贸易理论与实务［M］.北京：清华大学出版社，2008.

［4］萧浩辉.决策科学辞典［M］.北京：人民出版社，1995.

［5］本书编委会.建筑业10项新技术［M］.北京：中国建筑工业出版社，2017.